Lígia Razera Gallo

Inglês Instrumental para Informática

Módulo I

3ª edição
ATUALIZADA

© Copyright 2014.
Ícone Editora Ltda

Capa
Meliane Moraes

Diagramação
Andréa Magalhães da Silva

Proibida a reprodução total ou parcial desta obra,
de qualquer forma ou meio eletrônico, mecânico,
inclusive através de processos xerográficos,
sem permissão expressa do editor
(Lei nº 9.610/98).

Todos os direitos reservados pela
ÍCONE EDITORA LTDA.
Rua Anhanguera, 56 – Barra Funda
CEP 01135-000 – São Paulo – SP
Tel./Fax.: (11) 3392-7771
www.iconeeditora.com.br
e-mail: iconevendas@iconeeditora.com.br

Sobre a autora

Graduada em Língua e Literatura Inglesas pela Pontifícia Universidade Católica de São Paulo em 1985, aperfeiçoou-se na NewCastle Upon Tyne University, Inglaterra em 1994 e também na Chichester University, Inglaterra em 2000.

Professora de Inglês em institutos de línguas desde 1981 e Universidades desde 2001. Mestre: Letras (Teoria Literária e Literatura Comparada) da USP em 2012.

Atualmente leciona as disciplinas Inglês e Inglês Técnico em diversos cursos do Centro Universitário FIEO e leciona também na FATEC Carapicuíba.

Dados Internacionais de Catalogação na Publicação (CIP)
(Câmara Brasileira do Livro, SP, Brasil)

Gallo, Lígia Razera
    Inglês instrumental para informática : módulo I /
Lígia Razera Gallo. — São Paulo : Ícone, 2014.

ISBN 978-85-274-0974-2

1. Informática 2. Inglês - Estudo e ensino -
Estrangeiros 3. Inglês comercial - Estudo e ensino
4. Inglês técnico - Estudo e ensino I. Título.

08-00281

CDD-428.007

Índices para catálogo sistemático:

1. Inglês instrumental para informática :
Estudo e ensino   428.007

DEDICATÓRIA

Ao Beny, à minha família, em especial ao meu irmão Aguinaldo, aos meus amigos e a todos os meus alunos dos cursos de Tecnologia de Informática, Sistemas de Informação, Ciência da Computação e Engenharia da Computação do renomado Centro Universitário – Fundação Instituto de Ensino para Osasco.

Aos meus pais:
Lúcia e Humberto
In memorian.

AGRADECIMENTOS

Gostaria de agradecer a todos os que apoiaram e contribuíram na elaboração desta publicação. Particularmente, ao Beny Bichusky, que desde o início deste trabalho expressou sua confiança e incentivo, sendo fundamental para o desenvolvimento desta publicação. Sem o seu apoio e insistência tal projeto não se concretizaria.

Ao Sr. Enio Gruppi, por ter acreditado na viabilidade desta obra.

Ao Sr. Luiz Carlos Fanelli, da Ícone Editora, pela colaboração e valiosas sugestões.

Ao aluno Sálvio S. Pereira dos Santos (do curso de Engenharia da Computação) pelo excelente trabalho de digitalização de imagens, mantendo seus layouts originais. E a Adriana Fink Wildeisen pela colaboração.

A todos vocês, agradeço pelo carinho, pela compreensão e inesgotável fonte de inspiração e motivação.

PREFÁCIO

Este livro foi elaborado com o objetivo de atender não só aos professores e estudantes de Informática, como também aos que trabalham na área e desejam ampliar seus conhecimentos de inglês.

Os textos são autênticos, retirados de exemplares da revista Newsweek, e cada um tem seu roteiro de leitura. Isso quer dizer que o aluno deverá responder os questionamentos para entender o texto e não traduzi-lo para, somente depois, responder as questões. Trata-se de seguir o caminho mais produtivo, o que não quer dizer que o uso do dicionário será abolido, ao contrário, será melhor utilizado.

O professor pode ativar o conhecimento prévio dos aprendizes, junto com outras estratégias, de modo a conduzi-los à autonomia na aprendizagem e na capacidade de ler e interpretar textos criticamente. Dessa forma, o objetivo é a construção e a consolidação de conhecimentos tanto da Língua Inglesa quanto da própria área de Informática.

A leitura é aqui percebida como um processo de interação entre o texto e o leitor e como a habilidade lingüística ideal para apreender vocabulário e sintaxe em contextos significativos, possibilitando ao aprendiz mais tempo para solucionar problemas e assimilar as novas informações apresentadas. A leitura é fundamental para obtenção de informações e a expansão do conhecimento em qualquer nível de estudos e em qualquer área do conhecimento. É também, um dos meios pelos quais podemos adquirir diversos tipos de informação para a vida acadêmica e profissional. Ao enfatizar a leitura como principal habilidade a ser desenvolvida em Língua Inglesa para um curso técnico e/ou universitário, levou-se em conta o número de alunos por turma e a metodologia mais apropriada a grandes grupos. O ensino-aprendizagem de inglês instrumental foi abordado numa perspectiva contextualizada visando sempre a ativar o raciocínio crítico dos alunos e torná-los aprendizes participativos.

ÍNDICE - INGLÊS INSTRUMENTAL PARA INFORMÁTICA

Estratégias de Leitura	p. 11	14
ATIVIDADES	p. 15	
A Brief History of PCs	p. 1	19
Are you ready to WI-FI?	p. 20	23
Will the Blogs Kill the Old Media?	p. 24	26
Free for All- Freeware	p. 27	29
Office Space, The Sequel	p. 30	33
Online's Unholy Alliance	p. 34	36
The Light at the End of the Computer	p. 37	39
PC Prescription: TABLET	p. 40	43
The World According to Google	p. 44	48
Time to read an e-book?	p. 49	52
3G: The Coming Revolution in Wireless	p. 53	56
Text Credits	p. 57	
GRAMATICA	p. 59	
Active Tenses	p. 61	62
Passive Tenses	p. 63	64
Verb Tenses	p. 65	66
Numbers	p. 67	69
Use of Capital Letters with Nouns	p. 71	73
Definite Article	p. 75	76
Indefinite Article	p. 77	80
Compound Nouns	p. 81	82
Interrogative Adverbs	p. 83	84
The Possessives	p. 85	
Order of Adjectives	p. 86	
Nouns	p. 87	88
'Ing' Form	p. 89	92
Gerund or Infinitive	p. 92	95
Reported Speech	p. 97	105
Modal Verbs	p. 107	108
Conditionals	p. 109	110
Passive Voice	p. 111	113
Comparison of Adjectives	p. 115	116
Relative Pronouns	p. 117	120
VOCABULÁRIO	p. 121	
Prefixes	p. 123	124
Suffixes	p. 125	126
Common Regular Verbs	p. 127	128
Irregular Verbs	p. 129	134
False Friends	p. 135	139
Computer Acronyms	p. 141	146
Internet Terms	p. 147	158
Basic Internet Terms	p. 159	164
Glossário	p. 165	170

ESTRATÉGIAS DE LEITURA

ESTRATÉGIA	COMO EMPREGAR A ESTRATÉGIA
Predicting	Direcione a sua atenção para o título e o formato do texto. Olhe atentamente qualquer figura, ilustração, título e subtítulo que acompanhe o texto. Tente descobrir, antes de ler o texto, o assunto sugerido na unidade. Imagine palavras que provavelmente aparecerão no texto.
Scanning for Key Words and Specific Information	*Scanning* é passar os olhos rapidamente pelo texto, procurando "pistas" e /ou informações específicas para a compreensão do texto. Destaque as palavras-chave, e leia a frase em que elas se encontram com mais atenção.
Scanning for Images, Numbers, and Universal Symbols	Números, ilustrações, imagens gráficas, e os símbolos universais (exemplos: US\$ = dólar, R\$ = real, # = número) são muito utilizados no *scanning*. Quando você está procurando informações, como por exemplo, preços e tamanho, você não precisa ler tudo o que está escrito. Identifique os números, símbolos, ou expressões significativas e pare quando os encontrar.
Skimming	Antes de ler um texto, faça um *skimming*, que é passar os olhos sobre o texto para se ter uma idéia do que se trata. As primeiras e últimas orações dos parágrafos são particularmente importantes. Elas normalmente resumem os pontos principais.

Cognates	Cognatas são palavras semelhantes em português e inglês. Elas podem frequentemente ajudar você a deduzir o significado de novas palavras em inglês. Alguns cognatos são chamados de *false friends* porque, embora as palavras pareçam semelhantes em inglês e português, elas possuem outro significado. O contexto pode ajudar você a identificar o verdadeiro significado das palavras, porém sempre que for necessário, consulte o dicionário para se certificar de que a correspondência entre as palavras está correta.
Supporting Examples	Muitas vezes os textos trazem exemplos para auxiliar a compreensão de uma idéia. Para identificá-los, procure expressões como *for example,* ou *for instance,* ou pelas abreviações *e.g.* ou *i.e*, a.k.a., such as, namely.
Using Punctuation to Identify Additional Information	Os sinais a seguir são empregados para dar explicações ou informações adicionais sobre aquilo que você lê. Dois pontos [:] introduzem listas e definições. Parênteses ( ) fornecem informações extras ou exemplos. Duas virgulas [, ,], sempre usadas em pares, indicam apostos e outras maneiras de dizer algo.
Making Personal Connections with the Text	Sempre que você ler um texto, pergunte a você mesmo que tipo de texto é, quem é o autor, a quem ele se dirige e onde você encontraria este texto. Pense sobre o tema. Como ele se relaciona com você? Tente se identificar com o texto, faça associações.
Identifying Cause and Effect Statements	Alguns textos mostram como um fato **causa** um outro. A causa é razão pela qual alguma coisa acontece. O **efeito** é o que acontece como resultado de uma causa. Você pode entender melhor o que lê, procurando no texto as idéias de causa e efeito. Para identificá-las, procure por palavras-chave que indicam causa e efeito tais como *leads to, causes, makes, because,* is *due to* e *when.*
Finding Topic Sentences and Supporting Ideas	Quando você ler um parágrafo (um grupo de orações com uma idéia central), procure a oração principal: ela resume a idéia central do parágrafo. Bons leitores normalmente procuram, em primeiro lugar, a oração principal. Depois, eles buscam os detalhes que reforçam a idéia dela. Isto os ajuda a compreender e lembrar melhor aquilo que lêem.
Getting Meaning from Context	Quando você encontrar uma palavra desconhecida e não tiver um dicionário, você pode: observar se as figuras que ilustram a página ajudam a compreender o que a palavra significa; procurar por cognatos; ou procurar pistas no texto: um sinônimo, uma definição ou explicação contida antes ou depois da palavra que você desconhece.
Understanding Written Instructions and Manuals	As instruções descrevem como fazer algo. Antes de iniciar qualquer procedimento, leia as instruções cuidadosamente, observando as sugestões relacionadas a seguir: 1) Inicie dando uma lida rápida e geral

	no texto sem efetivamente executar nenhum dos passos. Certifique-se que você compreendeu a idéia geral dos procedimentos que estão sendo descritos. 2) Preste muita atenção nas indicações de seqüências a serem seguidas (como *first, then, next* e *finally*) ou palavras-chave. Numerais ordinais (first, second, third etc), cardinais (1, 2, 3 etc.), romanos (I, II, III etc) ou letras (A, B, C etc) também mostram a ordem correta dos passos que você deve seguir para realizar o processo. 3) Leia as instruções contidas no texto novamente, devagar e com atenção especial, certificando-se de que você entendeu a ordem correta de cada passo a ser seguido.
Understanding Pronoun Referents	Pronomes são usados para dar coesão ao texto e evitar repetições desnecessárias. É importante identificar quais substantivos foram substituídos por pronomes. É fundamental para a compreensão do texto saber a que palavra se refere o pronome. Leia sempre a primeira parte da oração ou a oração anterior para encontrar a palavra ou as palavras que foram substituídas.
Distinguishing Facts from Opinions	Ao ler um texto, é importante distinguir um fato de uma opinião. Um fato é aquilo que é real. Ao escrever textos factuais, os autores usam informações do mundo real para apoiar ou provar os temas de seus textos. Uma opinião é o que a pessoa acredita ser verdadeiro. Autores normalmente usam frases *I think, I believe* e *in my opinion* ao declarar suas opiniões.
Using Grammar to Guess Word Meanings	A gramática pode ajudar você a descobrir o significado de palavras desconhecidas. Ao encontrá-las, procure identificar a classe gramatical. Saber se uma palavra é um verbo, um substantivo, um adjetivo, ou um advérbio irá facilitar a descoberta do significado dessa palavra.
Using Graphic Elements to Scan a Text quickly	Para obter informações específicas de um texto, leia rapidamente, prestando atenção aos títulos, listas (frequentemente indicadas por marcadores, números ou letras), palavras em *itálico* ou em **negrito** e outras marcas gráficas. Isso irá ajudá-lo a localizar uma informação rapidamente, bem como prever a organização do texto.
Making Inferences	Nem sempre o autor explica tudo aos leitores. Por exemplo, às vezes, ele não afirma qual é o tópico ou idéia principal do texto, nem diz qual é o tempo ou o lugar em que a história ou o fato acontece. Muitas vezes, você terá de supor essas informações com base em pistas que o texto oferece bem como no seu conhecimento de mundo. Isso é fazer inferências.
Drawing Conclusions from Graphs	Tabelas e gráficos apresentam dados de forma concisa e de fácil visualização. Para ler uma tabela ou um gráfico, você deve, em primeiro lugar, encontrar o título que normalmente o acompanha. Em

	seguida, analise bem o gráfico ou tabela para perceber quais dados estão sendo representados ou comparados. Interpretando esses dados, você poderá tirar conclusões sobre as informações do texto.
Identifying Pros and Cons	Um artigo é uma exposição curta e objetiva de um fato. As idéias, os dados e os argumentos que sustentam e explicam as posições do autor são apresentados no seu desenvolvimento. É no desenvolvimento que ele defende seus pontos de vista, os prós e os contras e todas as possíveis linhas de argumentação que fundamentam as conclusões. Palavras como *positive*, *advantage* e *beneficial* são usadas para defender os prós, e *negative*, *disadvantage* para os contras. Considerar os prós e os contras de um tema ajuda você a avaliar o conteúdo de um texto e entender melhor os diferentes pontos de vista.
Identifying Modifiers	Modificadores são palavras que modificam o sentido de outras palavras. Palavras que modificam o sentido de substantivos são adjetivos e palavras que modificam o sentido de verbos ou adjetivos são advérbios.

Atividades

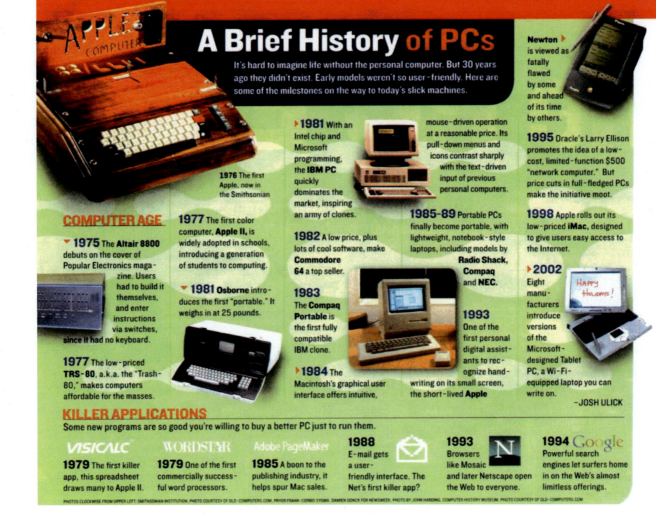

A BRIEF HISTORY OF PCs

Source: Newsweek
December, 2003

1. Ligue os anos com os respectivos computadores ou eventos:

a. 1975	( ) oracle – baixo custo
b. 1976	( ) portáteis – NEC, Compaq, Radio Shack
c. 1977	( ) Compaq Portátil
d. 1981	( ) Microsoft – Tablet PC
e. 1982	( ) Altair 8800
f. 1983	( ) iMac "fácil acesso a Internet"
g. 1984	( ) Apple Newton
h. 1985→89	( ) IBM PC
i. 1993	( ) Apple II – computador colorido
j. 1995	( ) TRS – 80 "Trash – 80"
k. 1998	( ) Macintosh – interface gráfica
l. 2002	( ) Commodore 64
	( ) o 1º computador Apple

2. Traduza as seguintes palavras observando seu contexto semântico:
- 📁 user-friendly = _____
- 📁 slick machines = _____
- 📁 switches = _____
- 📁 keyboard = _____
- 📁 pull-down menus = _____
- 📁 screen = _____
- 📁 flawed = _____
- 📁 full-fledged = _____

3. O que você aprendeu sobre cada programa lendo o texto?

_____
_____
_____

4. Qual o tempo verbal predominante no texto? Copie alguns exemplos para justificar a sua resposta.

_____

_____

_____

5. Copie do texto a abreviação que significa 'also known as':

_____

_____

_____

6. Copie do texto uma sentença com um comparativo irregular:

_____

_____

_____

7. Separe o prefixo e/ou sufixo da palavra e escreva o seu radical:

Word	Prefix	Suffix	Root
Personal			
Affordable			
Widely			
Top seller			
initiative			
fatally			
equipped			
limitless			
surfers			
sucesssful			

8. A que se referem as palavras destacadas abaixo?

"**The first** killer app, this spreadsheet draws many to Apple II."

_____

_____

_____

"**One** of the first commercially successful word processors."

_____

_____

_____

"A boon to the publishing industry, *it* helps spur Mac sales."

_____

_____

_____

_____

_____

_____

"*It* weighs in at 25 pounds."

_____

_____

_____

_____

_____

_____

"Users had to build **it** *themselves*, and enter instructions via switches…"

it → _____

_____

themselves → _____

_____

9. Encontre um verbo que seja sinônimo de "allow":

_____

_____

_____

_____

_____

10. Complete o quadro abaixo com palavras do texto com a mesma categoria lexical dos exemplos:

Low-cost	Small	Makes	Out

TECHNOLOGY
ARE YOU READY TO WI-FI?

BY MICHAEL HASTINGS

WHAT A TANGLED mess we weave, when we practice to, uh … set up a computer network. Fear not, say the arbiters of technology. Wires, at least the ones that connect your computer to the Internet, may soon be as obsolete as dial-up modems. "Once you get wireless, you never want to go back to being tethered to a connection," says Julie Ask, a senior analyst at Jupiter Research. "It's very addictive."

Although wireless technologies encompass everything from cell phones to remote controls, "Wi-Fi" refers to a specific industry standard. Known as 802.11 in geek talk, it operates at unprecedented speeds by beaming data from a Wi-Fi radio hooked up to the Internet. The radio waves travel over a finite area, ranging from a couple of hundred to a couple of thousand feet. Inside that range, a properly equipped computer or PDA can pick up the signals. Wi-Fi "cuts the cord between your desktop unit or your laptop unit and the network," says Michael Disabato, a senior analyst at the Burton Group who specializes in wireless technologies.

According to Gartner, a research firm, Wi-Fi is catching on—it estimates the number of users in North America will grow nearly tenfold between 2003 and 2007, reaching 31 million. Europe is expected to follow suit, and IDC Research predicts 110 percent worldwide growth in the number of "hot spots"—public places where you can use Wi-Fi—over the next five years. In Asia, Wi-Fi growth is starting to pick up speed after struggling to get off the ground last year.

More important, the technology is getting easier to use. The industry learned from the problem that plagued the first bout of wireless products in the mid-'90s: incompatibility. To avoid that pitfall, a group of industry players started the Wireless Fidelity Alliance (or Wi-Fi) in 1999 to set an industry standard. Most new PDAs now have Wi-Fi connectivity, which means they can communicate with all Wi-Fi-certified equipment and networks. "The technology is just now starting to hit its stride," says Disabato.

So, how do you get Wi-Fied? There are two components—the wireless card and the wireless base station. The card gives your device, whether it's a laptop, a desktop or a PDA, wireless capability. If your computer didn't come with an internal Wi-Fi card, you can insert one into its PC card slot, or into its USB port via an adapter. Most cards now run about $50. Some favorites are Netgear's wireless PC card, the Apple AirPort card and the Intel Pro/Wireless adapter. Base stations, which provide the access points or gateways to the wireless networks, are available from the same companies that sell the cards and cost $100 to $350.

Access points are popping up everywhere—in offices, restaurants, hotels, airports and even parks. Companies like Verizon Wireless, France Telecom and British Telecom are putting their muscle behind a broader rollout. T-Mobile has started adding hot spots to Starbucks; a partnership among IBM, AT&T and Intel will help Wi-Fi 300 McDonald's outlets by the end of the year. In Asia, Korea Telecom wants to have 16,000 hot spots in Seoul, Singapore, Hong Kong, Tokyo and Melbourne by December. Last month Lufthansa announced plans to offer Wi-Fi access in-flight. The Hilton, Marriott, Sheraton, Westin and W hotel chains now boast Wi-Fi access points, too. (To find your nearest hot spot, go to **wi-fizone.org**.)

One lingering hurdle is that many hot spots require "authentication," which means you have to pay each time you log on to a different network. But some providers, led by Boingo (**boingo.com**), offer monthly subscription services that allow the subscriber to operate almost anywhere. So, technophobes be warned: the ease and convenience of Wi-Fi might finally entice you into the 21st century. ∎

MAKING TIME FLY BEFORE YOU TAKE OFF

Over the next five years most major airports will make the transition to Wi-Fi. Here are six top hot spots:

- **Charles de Gaulle Int'l**, Paris
- **Newark Liberty**, Newark, N.J.
- **Bangkok Int'l**, Bangkok
- **Los Angeles Int'l**, Los Angeles
- **Luftfartsverket**, Stockholm
- **Dorval Int'l**, Montreal

ILLUSTRATION BY ROBERT NEUBECKER

ARE YOU READY TO WI-FI?

Source: Newsweek
May, 2003

1. Levando em consideração a ilustração e o título, sobre o que você acha que é o texto?

2. O que você já sabe sobre esse assunto?

3. Agora utilizando a estratégia "skimming", faça uma leitura rápida do texto e responda:
   ◀ Qual é o objetivo desse texto?
   ◀ Para quem você acha que esse texto foi escrito?

4. Utilizando a estratégia "scanning", encontre no texto as seguintes informações:

🖱 Qual o significado do acrônimo WI-FI?

📂 Qual informação você associa com os números:

✠ 802.11 = _____

✠ 31 = _____

💾 Quais são os aeroportos que usarão WI-FI?

_____

💾 Qual o acrônimo da companhia telefônica Americana?

_____

💾 Quais os websites mencionados no texto?

_____

5. Encontre no texto o vocabulário equivalente a:

Lugares públicos onde você pode usar WI-FI =	
Estar acorrentado =	
Conectado =	
Tornar-se popular, ficar na moda =	
Cilada, armadilha =	
Acertar o passo =	
Obstáculo, barreira =	
Seguir o exemplo de alguém =	

6. Escreva V ou F de acordo com o texto e justifique:

🖰 WI-FI refers to a specific industry standard. (   )

_____

_____

🖰 WI-FI is not catching in Europe. (   )

_____

_____

🖰 Incompatibility is the problem of wireless products. (   )

_____

_____

🖰 All hot spots require authentication. (   )

_____

_____

🖰 Two components are necessary to get WI-FIED. (   )

_____

_____

7. Copie do texto uma sentença que utilize um comparativo de duas sílabas:

_____

_____

_____

_____

8. Separe o prefixo e/ou sufixo da palavra e escreva seu radical:

Word	Prefix	Suffix	Root
incompatibility			
connectivity			
unprecedented			
capability			
nearest			
subscription			
partnership			
adapter			
growth			
authentication			

9. Complete o quadro abaixo com palavras do texto que pertençam a mesma categoria lexical dos exemplos:

Arbiters	Travel	With	Finally	Obsolete

10. Copie do texto uma sentença que inicie com um verbo no infinitivo:

_____
_____
_____
_____
_____
_____

Technology

Will the Blogs Kill Old Media?

Easily updated Web sites, or Weblogs, are making media bigfeet run. You, too, can be a pundit.

BY STEVEN LEVY

A YEAR AGO, GLENN REYNOLDS hardly qualified as plankton on the punditry food chain. The 41-year-old law professor at the University of Tennessee would pen the occasional op-ed for the L. A. Times, but his name was unfamiliar to even the most fanatical news junkie. All that began to change on Aug. 5 of last year, when Reynolds acquired the software to create a "Weblog," or "blog." A blog is an easily updated Web site that works as an online daybook, consisting of links to interesting items on the Web, spur-of-the-moment observations and real-time reports on whatever captures the blogger's attention. Reynolds's original goal was to post witty observations on news events, but after September 11, he began providing links to fascinating articles and accounts of the crisis, and soon his site, called InstaPundit, drew thousands of readers—and kept growing. He now gets more than 70,000 page views a day (he figures this means 23,000 real people). Working at his two-year-old $400 computer, he posts dozens of items and links a day, and answers hundreds of e-mails. PR flacks call him to cadge coverage. And he's living a pundit's dream by being frequently cited—not just by fellow bloggers, but by media bigfeet. He's blogged his way into the game.

Some say the game itself has changed. InstaPundit is a pivotal site in what is known as the Blogosphere, a burgeoning *samizdat* of self-starters who attempt to provide in the aggregate an alternate media universe. The putative advantage is that this one is run not by editors paid by corporate giants, but unbespoken outsiders—impassioned lefties and righties, fine-print-reading wonks, indignant cranks and salt-'o-the-earth eyewitnesses to the "real" life that the self-absorbed media often miss. Hard-core bloggers, with a giddy fever not heard of since the Internet bubble popped, are even predicting that the Blogosphere is on a trajectory to eclipse the death-star-like dome of Big Media. One blog avatar, Dave Winer (who probably would be saying this even if he didn't run a company that sold blogging software), has formally wagered that by 2007, more readers will get news from blogs than from The New York Times. Taking him up on the bet is Martin

> **One blog avatar has formally wagered that by 2007, more readers will get their news from blogs than from The New York Times.**

Nisenholtz, head of the Times's digital operations.

My guess is that Nisenholtz wins. Blogs are a terrific addition to the media universe. But they pose no threat to the established order.

Consider recent high-tech history. When the Web first emerged, we heard similar predictions that Big Media were sitting ducks for upstart competitors with cool Web sites. Didn't happen. The Web made it easier to publish, but couldn't drive readers to your door. The majority of newssurfers visit only the top few sites.

Granted, Weblogs are so easy to use that even a journalist can run a site—40,000 bloggers are up and running. But once you've created your blog and filled it with news accounts, snarky criticisms and witty political rants, how do you get visitors? Judging from the top blogs, the answer seems to be working hard, filling a niche, winning a reputation for accuracy, developing sources and writing felicitously. This sounds a lot like the formula to succeed as a journalist inside the Big Media leviathan. With the difference that traditional journalists uh, get paid.

What makes blogs attractive—their immediacy, their personality and, these days, their hipness—just about ensures that Old Media, instead of being toppled by them, will successfully co-opt them. You might argue that it's happened already. Some of the most popular blogs are those created not by disaffected outlaws, but by slumming professionals who apparently think that writing for big-time journals and bloviating on 24-hour cable is insufficient exposure for their views. So you have the likes of New York Times Magazine contributor Andrew Sullivan blogging on the church, sexuality and his recent adoption of a beagle. Sometimes a journalist's blog is not independent, but part of his or her employer's Web site—call it a *job blog*. I love tech writer Dan Gillmor's site, but would his boss, Knight Ridder, host it if the company really believed that blogs were stilettos in the ribs of Old Media?

Already we're seeing some of the more popular practitioners sell out entirely to the Big Guys. Last week pioneer journo-blogger Mickey Kaus rocked the Blogosphere by announcing that Microsoft-owned Slate had snapped up his one-man shop Kausfiles lock, stock and software. ■

WILL THE BLOGS KILL THE OLD MEDIA?

Source: Newsweek
May, 2002

1. Leia o título, analise a figura e com um colega faça previsões sobre que assunto o texto trata.

2. Defina **"Weblog"** ou **"Blog"** de acordo com o texto.

3. Observando o contexto semântico das palavras abaixo, tente ligá-las com suas possíveis traduções:

a. pundit	( ) filar, mascatear
b. spur-of-the-moment	( ) fora da lei, proscrito
c. witty	( ) excêntrico
d. cadge	( ) apostar, arriscar
e. wonks	( ) discurso retórico
f. cranks	( ) impulsivamente
g. wagered	( ) CDFs
h. giddy fever	( ) espirituoso
i. rants	( ) sábio, mestre
j. outlaws	( ) febre estonteante

4. Associe os números abaixo a elementos do texto:
- 🖥 41 = _____
- 🖥 Aug. 5 = _____
- 🖥 70,000 = _____
- 🖥 23,000 = _____
- 🖥 $400 = _____
- 🖥 2007 = _____
- 🖥 40,000 = _____

5. Qual é a suposta vantagem da **Blogosphere?**

6. Qual a previsão feita sobre a **Blogosphere?**

7. Qual é a opinião contrária a essa previsão? Qual a explicação apresentada?

8. O que você deve fazer para conseguir visitantes para seu **Blog?**

9. O que faz com que os **Blogs** sejam atraentes?

10. Faça uma lista de palavras cognatas que o ajudaram a entender este texto.

11. O texto em questão apresenta alguns exemplos de "Genitive Case". Estude o quadro abaixo:

O caso Genitivo expressa posse e é usado para pessoas e animais. Ex: His father's name(the name of his father)   My cat's tail(the tail of my cat)

*É formado pelo acréscimo de (**'s**) ao possuidor.*
Ex: Paul's house.
    The children's bedroom.
    The architect's house.

*Quando o substantivo termina em {**s**} usa-se apenas o [**'**].* Ex: The teachers' room. The dogs' food.
*Se for um nome próprio podemos adicionar (**'s**).* Ex: Mrs. Jones's dress is blue.
Pode-se usar o caso Genitivo para indicar coisas personificadas ou dignificadas. Ex: The moon's surface.

12. Copie do texto sete frases que apresentam o caso Genitivo:

✏
✏
✏
✏
✏
✏
📄

FREEWARE

Free for All

Open-source software transforms technology in the developing world

By Miriam Mahlow

The Nooitgedacht Primary School, on the outskirts of Cape Town, is little more than a few drab buildings surrounded by barbed wire. The school can't afford a library, and only a few students have the money to buy uniforms. But up two flights of stairs in room No. 6, a class of fifth graders sits hunched over 20 computer terminals, writing with word-processor programs, experimenting with spreadsheets and familiarizing themselves with the mouse and keyboard. How does a level-C school—the lowest on the South African government's poverty scale—afford an up-to-date computer lab?

Linus Torvalds has never been to Nooitgedacht, but he's the most likely answer. Torvalds, a Finnish computer scientist, was only 21 back in 1991 when he invented the Linux operating system with the idea of competing with Microsoft's Windows. Rather than sell copies of the software for a fee, Torvalds released Linux's source code—the original program—into the public domain. That kick-started the so-called open-source-software movement, which has since produced a whole suite of programs, from word processors to spreadsheets to video programs—most of it free. In recent years some big companies like IBM, HP and Oracle, but also foreign governments like those of France and Germany, have embraced Linux as a way to stem Microsoft's dominance in PCs.

Now open-source software is beginning to have an even more electrifying effect in the developing world. Schools, government offices and small businesses that could never afford Microsoft's license fees are getting wired using so-called freeware. The software saves them a bundle and gives them unprecedented flexibility to adapt programs to their local needs—which include using old computers rather than the fastest, priciest versions, and allowing local programmers to maintain and develop their computer systems. For many countries, open-source software holds out the promise of high-tech independence. "We need to be in charge of our own information-technology future," says Johann Eksteen of South Africa's Council for Scientific and Industrial Research.

Cost savings are driving the trend. In the developing world, the price of licensing Windows can be astronomical. In South Africa, it costs around $280 per computer, which is one reason the State IT Agency (SITA) declared in January that it would switch to open source. The anticipated cost savings amount to billions of dollars a year.

Another factor is reliability. Some software experts argue that Microsoft products are too complicated and prone to glitches, whereas Linux is simpler for a user to fix. That's partly why the southern Brazilian city of Porto Alegre was so quick to adopt Linux in the late 1990s; the system's pudgy-penguin logo now graces the screens of most school, university and municipal-government computers. The phenomenon has recently begun to spread across Brazil, with retailers, bankers and even the armed forces souring on Microsoft. "Talk to nine out of 10 people in the software business and you'll hear complaints about Windows," says Alexandre Moura, who runs Light-Infocon, a database-software maker in Campina Grande, Brazil's Silicon Valley.

For governments in particular, better security is another attraction of Linux. Whereas Windows provides standardized safety settings, Linux's security options can be more easily customized. Likewise, while Microsoft veils its programs in manufacturer codes that only company-approved technicians can service, Linux can be "opened up," fashioned and adapted to the taste of individual clients. In China, rumors of Microsoft and the American government's spying on computer users through so-called back doors built into the software has paved the way for the growing popularity of the local open-source product, Red Flag Linux.

Microsoft is not watching quietly. After the South African government threw its support behind the open-source movement last year, Microsoft offered to supply free software to government-run schools in South Africa. Hilton Theunissen, the project manager at Nooitgedacht Primary School, is skeptical of Microsoft's sudden altruism. "For years and years I was writing letters to Microsoft, always asking for software donations," he says. "What I ended up receiving was either a negative reply or no reply at all." Microsoft is also working harder to argue the superiority of its software to open-source products. Gordon Frazer, managing director of Microsoft Africa, says that at the end of the day, governments and schools in the developing world need to look at "the total cost of ownership," including ongoing support and maintenance.

But that's precisely what appeals to many developing countries about Linux—the fact that they don't need to go to Microsoft for help. Gopalakrishnan, secretary to the chief minister of Madhya Pradesh state in India, notes that using open-source software encourages investment in a local industry of programmers that is bound to pay off in the long run. The kids at Nooitgedacht might be new to computers, but for them, open-source will soon be old hat.

With SUDIP MAZUMDAR in New Delhi, MAC MARGOLIS in Rio de Janeiro and PAUL MOONEY in Beijing

FREEWARE - FREE FOR ALL

Source: Newsweek
June, 2003

1. Discuta com um colega:

📂 O que você sabe sobre *"Freeware"?*

📂 Você utiliza ou já utilizou algum?

2. Quais são os dados associados aos números abaixo no texto?

Números	Associação
Nº 6	
21	
1991	
20	
$280	
10	
1990s	

3. O que você aprendeu sobre Linus Torvalds ao ler o texto?

4. Que tipos de programas foram produzidos após o início do movimento chamado de *"open-source-software"?*

5. O que você pode comentar sobre o efeito do *"open-source-software"* no mundo?

6. Quais os fatores que estão incentivando essa tendência? (mencione 3 fatores)

7. Quais os motivos que levaram o gerente da escola Sul-Africana a adotar o Linux?

8. Procure no texto palavras equivalentes a:

Arame farpado =	
Taxa =	
Deter =	
Grande soma de dinheiro =	
Pequenos problemas, falhas =	
Espionar =	

9. A que se referem as palavras em destaque nas sentenças?
I. '... when *he* invented the Linux operating system...'

_____
_____
_____

II. '...flexibility to adapt programs to their local needs – *which* include using old ...'

_____
_____
_____

III. 'The kids at Nooitgedacht might be new to computers, but for *them*, open-source...'

_____
_____
_____

10. Copie do texto 5 sentenças que contenham exemplos de Caso Genitivo:

I._____
_____

II._____
_____

III._____
_____

IV._____
_____

V._____
_____

The TipSheet

Smart Strategies for Your Money, Health, Family, Technology, Design, Real Estate, Travel

TECHNOLOGY
OFFICE SPACE, THE SEQUEL

BY PETER SUCIU

THESE DAYS more of us are working at home—but few of us spend enough time thinking about how to set up shop. We're tucking desktop computers under kitchen tables, plopping printers on folding chairs and stuffing cable modems anywhere they fit. Since we're spending more hours working than sleeping, having the right equipment is crucial. Here are some tips on how to make your home office both comfortable and productive.

For printing at home or on the go, the **1 HP Deskjet C8112A 450cbi** ($349; hp.com) offers photo-quality color printing. To stay in touch with colleagues and clients, the **2 Sharp UX-CC500 Communications Center** ($350; sharpusa.com) has our number. This device incorporates a 2.4GHz cordless phone, an answering machine with four mailboxes and plain-paper fax and copier. Taking up even less desktop real estate is the **3 Viewsonic VP191s** ($799; viewsonic.com), which offers a sizable 1280 x 1040 resolution. Should you ever step outside the office, you'll need to take only one gadget with you: the **4 Hitachi SH-G1000 PCS Phone** ($649; hitachi.com), which combines a mobile phone with a Pocket PC organizer, along with a digital camera, and even includes a built-in keyboard. You can eliminate some of the clutter on your desk with the **5 Logitech Cordless MX Duo** ($99.99; logitech.com), thanks to its wireless keyboard and mouse, while Microsoft successfully reinvents the mouse wheel with its own Wireless Optical Desktop Pro ($105 includes keyboard, not pictured; microsoft.com/hardware), which has a tilting mouse wheel for side-scrolling of Web pages and other documents.

A massive tower PC might be great for gaming, but unless you're online trying to exterminate the competition in Battlefield 1942,, consider the **6 Dell Dimension 4600C** ($1,099 with a 15-inch flat-panel monitor; dell.com). This computer doesn't cut corners, with basic models featuring a speedy 2.6GHz processor, a pair of PC card slots, eight USB ports and even a FireWire port—perfect for iPod lovers who don't want to go Mac.

And wouldn't it be nice to make your office disappear at the end of your workday? Look no farther than the **7 Rio Grande Entertainment Center** ($675; pier1.com), and don't let the name fool you. This elegant pine-and-wrought-iron unit has a sliding shelf for your keyboard and an adjustable shelf for your monitor.

If you need to make copies in addition to printing, the **8 Brother MFC-8820DN** ($649.99; brother.com) wins our praise. In the past we haven't been terribly impressed by combo machines, but this one has two-sided printing and features a 50-sheet multipurpose tray. Brother also makes the **9 P-touch Electronic Labeling System** ($129.99), which can print labels containing graphics, photos, logos and bar codes.

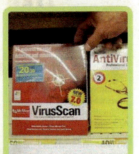

COMPUTER SAFETY 101

If you work from home, a bad virus can put you out of business. Basic prevention goes a long way. Some tips:

STAY CURRENT
Your antivirus software is only as good as your latest antivirus definitions. These antivirus vendors will keep you up to speed in the battle against the latest superbugs. Symantec, symantec.com, Network Associates, nai.com, and Trend Micro, trendmicro.com

INSTALL FIREWALL
Microsoft's latest versions of Windows XP includes a firewall. Otherwise you can purchase personal firewall software such as Tiny Personal Firewall (tinysoftware.com) or Agnitum Outpost firewall (agnitum.com).

PRACTICE SAFE E-MAILING
Every message in your inbox is a potential virus-bearer. Don't click on any attachment—even those which appear to be from people you know and love—unless you're expecting it. When in doubt, delete.

—JONATHAN ADAMS

OFFICE SPACE, THE SEQUEL

Source: Newsweek
September, 2003

1. Observe a figura no centro do texto. Quais itens que você reconhece?

2. Com um colega faça um "brainstorming" do vocabulário que você acha possível encontrar nesse tipo de texto.

3. O quadro do lado esquerdo do texto trata de que assunto em sua opinião?

4. Utilizando a estratégia "skimming", faça uma leitura rápida do texto e responda:

    📁 Sobre o que é o texto? Foi confirmada a sua suposição?
    📁 O texto abordou algum aspecto que você não havia "previsto"?

5. Utilizando a estratégia "scanning", procure as informações abaixo no texto:

    💾 Qual a resolução da tela do computador?
    💾 Quantas portas ele tem?
    💾 Quais dicas são sugeridas para manter a segurança do seu computador?
    💾 Qual aparelho custa $799?
    💾 O número 15 está associado ao que?

6. Encontre no texto o vocabulário equivalente a:

    🖱 Dicas, sugestões = _____
    🖱 Manter o contato = _____
    🖱 Invenção, mecanismo = _____
    🖱 Portas = _____
    🖱 Engenhoca = _____

7. Copie do texto as sentenças equivalentes em Inglês:

    ⌛ "Não seria ótimo fazer o seu escritório desaparecer no final de um dia de trabalho?"

⌛ "Você pode eliminar um pouco da bagunça na sua escrivaninha..."

⌛ "... poucos de nós gastam tempo suficiente pensando em como estabelecer-se."

8. Complete as frases com palavras do texto:

◀ If you are not at home, an _____ can record your message.
◀ A _____ is very useful because you can type even if you are distant from your computer.
◀ To know if you have e-mail you have to look at your _____.
◀ If you install _____ your computer will be safer.
◀ A _____ offers a sizable 1280 x 1040 resolution.

9. Copie do texto sentenças com os seguintes tempos verbais:

Present Continuous →
Simple Present →
Present Perfect →
Simple Future →
Simple Present (negative) →

10. Copie do texto sentenças com:

I. Uma comparação de igualdade:

_____

II. Um imperativo negativo:

_____

III. Uma possibilidade provável de acontecer:

_____

IV. Uma previsão futura:

_____

11. Retire o sufixo e/ou o prefixo da palavra e escreva seu radical:

Word	Prefix	Suffix	Root
wireless			
successfully			
disappear			
cordless			
terribly			
antivirus			
superbugs			
sizable			
safety			

12. A que se referem os pronomes em destaque nas sentenças?

I. '**This** computer doesn't cut corners, with basic models featuring a speedy...'

_____

_____

_____

II. '...**which** can print labels containing graphics, photos, logos and bar codes.'

_____

_____

_____

Online's Unholy Alliance

Virus writers are no longer loners who just want to wreak a little havoc. Now they're sending junk e-mail.

BY JONATHAN ADAMS

HERE'S HOW IT MIGHT HAPPEN. While weeding out the morning's spam, you stumble upon one e-mail message that gives you pause. Perhaps it looks like a note of reconciliation from an old girlfriend, or the sender happens to have the same name as your real stockbroker. In a moment of weakness, you open it. Nothing happens, or so you think. Unwittingly, without even opening an attachment, you've allowed a virus surreptitiously to

turn your computer into one of an army of "zombies" that broadcast offers of black-market Viagra and get-rich-quick schemes to millions of people.

The stereotypical virus writer has always been a lonely hacker bent on causing maximum disruption. Lately, though, hackers seem to have teamed up with spammers, those twilight Internet advertisers who count on one sucker in a million to go for porn sites, penis-enlarging pills and various snake-oil products. Last week's SoBig virus has convinced many security experts that viruses are the latest method of circumventing anti-spamming measures. "If you think about the motives of virus writers a year or two ago, it was all about recognition," says Brian Czarny, marketing director at MessageLabs, an Internet security firm. "What's the motivation today? It's much different: there's money involved."

SoBig instructed each of the estimated 145,000 computers it infected to download software from one of 20 computers in the United States, Canada and South Korea. Because security officials intervened, we'll probably never know for sure what was supposed to happen next (one system redirected computers to a porn site). Security experts, though, worry that similar viruses may already be infecting machines and using them as "proxies" to flood the Internet with spam.

Spammers need proxies because security experts are already on to the 200 or so outfits responsible for 90 percent of spam traffic in North America and Europe, says the London-based anti-spam organization Spamhaus. Three months ago, antivirus vendor Symantec began seeing viruses that were engineered to turn home or corporate computers into potential spam-relay points. Some of them have been thwarted, but many are still bouncing around the Net. MessageLabs, whose clients include the U.S. Federal Reserve and Dow Corning, has traced half of the spam its clients have received in recent months to virus-infected PCs. Spammers "are able to anonymously send out millions of e-mail messages, unbeknownst to the person who's been infected with the virus," says Czarny. "They're able to basically cover their tracks."

The short-term prognosis is a continuing rise in spam traffic—to 70 percent of Internet traffic in four months, up from 60 percent now, according to Spamhaus. After that, "if something isn't done quite dramatically, the e-mail system will slowly grind to a halt," warns Steve Linford, chief executive of Spamhaus. A massive and costly overhaul of the Internet e-mail system isn't likely any time soon. For now, the best weapon may be the delete key.

With MICHELLE JANA and SARAH SENNOTT in London and STEFANIE MCINTYRE in Moscow

ONLINE'S UNHOLY ALLIANCE

Source: Newsweek
September, 2003

1. A palavra *"unwittingly"* na linha 10:
   a. tem um prefixo
   b. não é um advérbio
   c. tem um prefixo e um sufixo
   d. é um substantivo

2. Você poderia afirmar que a idéia principal do texto é:
   a. the motivation of vírus writers
   b. the continuing rise in spam traffic
   c. the alliance of virus writers with spammers
   d. the spamhaus organization

3. Qual é a companhia que vende antivirus?
   a. SoBig
   b. Message Labs
   c. Symantec
   d. Spamhaus

4. Em qual das sentenças abaixo a gramática usada indica *uma condição + um resultado provável?*
   a. "They are able to basically cover their tracks"
   b. "If something isn't done quite dramatically, the e-mail system will slowly grind to a halt"
   c. "What's the motivation today?"
   d. "Here's how it might happen."

5. Na sentença abaixo o pronome sublinhado refere-se a que palavra?
"...similar viruses may already be infecting machines and using **them** as proxies…"

6. Transcreva do texto a sentença que melhor define a palavra *"spammers"*

7. "Enquanto você limpa seu spam matutino, você topa com uma mensagem eletrônica que o faz hesitar".
   Procure no texto a sentença que melhor traduz a idéia acima e transcreva-a.

8. "The stereotypical virus writer **has always been** a lonely hacker bent on causing maximum disruption". O tempo verbal utilizado na sentença indica:
   a. uma ação iniciada e terminada no passado
   b. uma ação futura
   c. uma ação iniciada no passado que ainda afeta o presente
   d. uma ação hipotética

9. "Junk food, junk shops, junkyard, junk email, junk books/magazines."
   É correto afirmar que a palavra *"Junk"* tem conotações:
   a. positivas
   b. neutras
   c. negativas

10. Levando em consideração o contexto qual a melhor tradução para palavra sublinhada?
    "Some of them have been **_thwarted_**, but many are still bouncing around the Net."
    a. recebidos
    b. impedidos
    c. enviados
    d . ricocheteando

11. Separe o prefixo e/ou sufixo da palavra e escreva seu radical:

Word	Prefix	Suffix	Root
unholy			
spammers			
sender			
attachment			
surreptitiously			
overhaul			
reconciliation			
stereotypical			
unbeknownst			

The Light at the End of the Computer

Faster is always better, at least in computers, which is a big reason why engineers try each year to etch ever-tinier circuits into silicon chips. The shorter the distance the electricity needs to travel, the thinking goes, the faster the calculation. But shortening pathways isn't the only way to speed things up. Sending light, rather than electricity, zipping down these microscopic infobahns would be like trading in your bicycle for a Ferrari. Last week engineers at chipmaker Intel came a step closer to a light-based computer by inventing a device for manipulating light signals.

By itself, the device isn't all that impressive. All it does is encode data onto a beam of infrared light. It splits the beam in two, slows one down with an electric charge and recombines them to create a pattern of light and dark. By manipulating the charge, you can turn this sequence into the ones and zeros of computer code.

The real significance of the device is not what it does, but what it's made of: silicon, the stuff of ordinary computer chips. Silicon chips are ubiquitous and cheap, and engineers understand them intimately. Marrying silicon and light is like marrying money to beauty: the

union could make everything easier, cheaper and faster.

The first use of the device—perhaps in five years, Intel says—will probably be to make super-low-cost "transceivers" that convert electrical signals to light signals, and vice versa, in optical-fiber networks. By the end of the decade, optical-silicon devices might show up in servers, and by 2014 perhaps inside PCs, giving them more oomph. One of these days, the innards of a PC may consist mostly of light circuits rather than electrical ones. If that happens, information would flow more freely. Zipping movies over the Internet by PC might be as easy as trading music and e-mail; a doctor in Hawaii might inexpensively monitor a patient's CAT scan in real time in Berlin; or each home might crunch its own unique weather forecast. For now, though, all that is over the rainbow.   —TEMMA EHRENFELD

THE LIGHT AT THE END OF THE COMPUTER

Source: Newsweek
February, 2004

1. Discuta com um colega o significado dessas palavras:

LIGHT   *SILICON*   *CHIPS*   *ELETRIC CHARGE*   *TRANSCEIVERS*

2. Que relação você estabelece entre as palavras acima?

3. Verifique se as orações abaixo são falsas ou verdadeiras de acordo com o texto e indique as linhas que justificam a sua resposta:

◼ Existe uma única maneira de apressar o envio de informações. (   )

_____

🖱 Os chips de computadores e o mecanismo inventado são feitos de silício. (   )

_____

🖥 O padrão claro e escuro não pode ser transformado numa seqüência de zeros e uns.(   )

_____

💾 Se no futuro os circuitos de um computador forem feitos de luz ao invés de serem elétricos a informação fluirá vagarosamente. (   )

_____

4. Relacione as palavras da primeira coluna a seus antônimos, na segunda:

a. fast	( ) bad
b. good	( ) difficult
c. big	( ) expensive
d. short	( ) high
e. easy	( ) long
f. cheap	( ) slow
g. low	( ) small

5. Quais são as formas comparativas dos adjetivos relacionados abaixo e suas traduções?

a. fast =	
b. good =	
c. big =	
d. tiny =	
e. short =	
f. close =	
g. cheap =	
h. easy =	
i. low =	

6. Copie do texto uma sentença que tenha um comparativo de igualdade:

_____

_____

_____

7. O adjetivo sofre alguma mudança? Você consegue deduzir como seria o comparativo de desigualdade?

_____

_____

_____

8. Copie do texto a sentença onde a palavra 'like' tem o sentido de 'como':

_____

_____

_____

9. Copie do texto uma sentença que tenha um gerúndio após uma preposição:

_____

_____

_____

10. Como você traduziria a sentença abaixo?
   "For now, though, all that is over the rainbow."

_____

_____

TECHNOLOGY

PC PRESCRIPTION: TABLET

BY STEVEN LEVY

FOR MORE THAN A year now, Bill Gates has appeared at computer shows, captain-of-industry hoedowns and, for all we know, weddings and bar mitzvahs, waving what looks like a bulked-up Etch A Sketch, and saying that the tablet will smite the laptop.

What's a tablet? It's Microsoft's ambitious effort to remake the PC landscape by kick-starting a category that's been in the minds and business plans of visionaries for decades but has never caught on with the public. The new Tablet PC is a pen-based computer that uses special software cooked up by the brainiacs in Redmond. (The actual machines will be built and marketed by the usual suspects in the PC business.) Due to arrive in October at prices between $2,000 and $3,000, the Tablet PC is meant not to supplement your current laptop, but supplant it. You'll ramble down the hall with your tab, take it to your meetings and use it to take notes, surf the Web and maybe even doodle—all while maintaining eye contact with others in the room. (Try that while pounding on a keyboard.)

Previous efforts flopped because the machines were too bulky, too limited and too clueless when it came to interpreting people's handwriting. (Call it the "Doonesbury effect" because of cartoonist Garry Trudeau's hilarious evocation of the way Apple's Newton device julienned the language like a digital Cuisinart.) While the Tablet PC does a somewhat better job at translating a user's jottings into text, Microsoft's wisest choice was innovating in the area of "digital ink." When you write on a tablet's display screen (using a special notepad program called Journal), your jottings are faithfully captured, as if you wrote them on paper.

The New Tablets vs. Laptops and PDAs

ACER TRAVELMATE 100

Size: 9.9 x 8.2 inches
Weight: 3.2 pounds
Cost: About $2,500
Best feature: Turns your computer into digital notepad

SONY VAIO NOTEBOOK

Size: 10.2 x 7.6 inches
Weight: 2.76 pounds
Cost: $1,599
Best feature: Portable power, multimedia chops

COMPAQ'S IPAQ 3850

Size: 5.3 x 3.3 inches
Weight: 6.5 ounces
Cost: $599

Twitch the pen in a scratching-out gesture and you delete a word or line. Another feature allows you to quickly move blocks of text around. (Bonus: special settings allow the tablet to more deftly interpret the motions of left-handers.)

Digital ink is also a powerful tool when you use tablets on a network. It's easy to send e-mail with handwritten text, and even easier to send an "ink instant message." At the recent Microsoft CEO Summit, the bigwigs were outfitted with tablets, and most spent the sessions scribbling notes to each other like naughty fourth graders.

Speaking of connectivity, Microsoft is very lucky that the tablet's release coincides with the boom in Wi-Fi, the cheap means of wirelessly hooking machines to the Internet. No accident that all the versions include built-in Wi-Fi—using a tablet with a wired connection would be like walking with a leash.

The nine computer makers who plan to release tablets this year, while following the overall vision of the Tablet handed down from Mount Redmond, will have different approaches. Some will be convertibles, full-fledged laptops that use a swiveling display to transform into tablets. The Acer TravelMate is the prime example, as its screen elegantly pivots from the traditional laptop position facing the keyboard to the top of the unit in a closed-clamshell position. Then there are "slates," which can take on a keyboard through a USB port or a docking station. Finally, and perhaps most intriguingly, are the more striking designs with wider, flatter displays, like the clipboard-size slab created by newcomer Motion Computing.

Now that you know about the tablet, should you change your plans about buying a laptop this summer? Only in certain circumstances. Since this year's crop is only the first of several iterations, you can expect that future versions will be lighter, have longer battery life and sparkle with sharper screen resolution. (Not to mention fixes of the inevitable bugs that appear the first time.) The price will also come down.

IN THE TABLET TRADE

Before year-end, companies will unveil their competing tablets, all priced at around $2,500. How they hope to stand apart from the pack:

■ **HP/Compaq** Offers the security of a trusted name in hardware.

■ **Motion Computing** A pleasure to hold, just like pad and paper.

■ **Toshiba** Superthin Portégé notebook design.

■ **Fujitsu** Innovative docking system for work on the go.

What's more, for this first wave Microsoft has designed the tablet for business users and, even among those "corridor warriors," the people who will get the most from it will have the benefit of specially written applications for their field (like doctors, claims adjusters and journalists).

For everyone else, wait and see before picking up the tab.

PC Prescription: TABLET

Source: Newsweek
July, 2002

1. Discuta com um colega:
   ⌛ Quais as vantagens e desvantagens de um Laptop e um Tablet?

   ⌛ O que você sabe sobre PDA?

2. Qual é o tema central do texto?(use a estratégia "skimming")

3. O que é um TABLET de acordo com o texto? (use a estratégia "scanning")

4. Por que as máquinas anteriores fracassaram?

5. É afirmado no texto que o leitor deveria comprar um TABLET neste verão? Justifique sua resposta.

6. Qual foi a escolha mais sábia da Microsoft para que o TABLET fosse bem sucedido?

7. Encontre no texto o vocabulário equivalente a:
   ✠ Tinta digital = _____
   ✠ Texto manuscrito = _____
   ✠ Coleira = _____
   ✠ Desobediente = _____
   ✠ Abaixar (o preço) = _____

8. Observando o contexto semântico das palavras selecionadas encontre a melhor tradução para elas:

   ✾ "You'll *ramble down* the hall with your tab..."

   _____
   _____
   _____

❀ "Previous efforts flopped because the machines were too **bulky**…"

_____

_____

_____

❀ "…your **jottings** are faithfully captured…"

_____

_____

_____

❀ "…the **bigwigs** were outfitted with tablets…"

_____

_____

_____

❀ "…laptops that use a **swiveling** display to…"

_____

_____

_____

9. Traduza os Grupos Nominais abaixo:

Noun Groups	Translation
Pen-based computer	
Microsoft's wisest choice	
Tablet's display screen	
Ink instant message	
Wirelessly hooking machines	

10. Complete o quadro abaixo com palavras retiradas do texto que tenham a mesma categoria lexical dos exemplos:

Shows	Flopped	Different

Science & Technology

THE WORLD ACCORDING TO GOOGLE

BY STEVEN LEVY

IN A BYGONE ERA—SAY, FIVE YEARS ago—it would have been an occasion to burn shoe leather. A friend clued me in to an eBay item connected with a criminal case I was following. I didn't know who the seller was, and the district attorney on the case didn't know, either. "We're looking into it," he assured me. I checked into it as well. Fifteen minutes later, I had not only the seller's name, I'd discovered that he was a real-estate agent in a small California town. I'd seen a picture of him. I knew which community groups he belonged to, the title of a book he'd written. And what college he had attended. And I found out that the seller had a keen interest in hooking up with younger men—and I'd even read graphic descriptions of what he liked to do with them.

How did I know this? By performing an act done by tens of millions of people every day: typing a query (my quarry's eBay handle, which was the same as his e-mail address) into a blank line on a sparsely decorated Web page. In about the time it takes to sneeze, and for a cost of, oh, zero, his particulars and proclivities were in my hands. And no shoe leather was expended.

Reader, I Googled him.

Internet-search engines have been around for the better part of a decade, but with the emergence of Google, something profound has happened. Because of its seemingly uncanny ability to provide curious minds with the exact information they seek, a dot-com survivor has supercharged the entire category of search, transforming the masses into data-miners and becoming a cultural phenomenon in the process. By a winning combination of smart algorithms, hyperactive Web crawlers and 10,000 silicon-churning computer servers, Google has become a high-tech version of the Oracle of Delphi, positioning everyone a mouseclick away from the answers to the most arcane questions—and delivering simple answers so efficiently that the process becomes addictive. Google cofounder Sergey Brin puts it succinctly: "I'd like to

What if you had a magic tool that let you find out almost anything in less than a second? Millions already have it—and it's changing the way we live.

get to a state where people think that if you've Googled something, you've researched it, and otherwise you haven't and that's it."

We're almost there now. With virtually no marketing, Google is now the fourth most popular Web site in the world—and the Nos. 1 and 3 sites (AOL, Yahoo) both license Google technology for *their* Web searches. About half of all Web searches in the world are performed with Google, which has been translated into 86 languages. The big reason for the success? *It works.* Not only does Google dramatically speed the process of finding things in the vast storehouse of the Web, but its power encourages people to make searches they previously wouldn't have bothered with. Getting the skinny from Google is so common that the company name has become a verb. The usage has even been anointed by an instantly renowned New Yorker cartoon, where a barfly admits to a friend that "I can't explain it—it's just a funny feeling I'm being Googled."

And when you're Googled, it matters what the results are, since it's the modern version of the Encyclopaedia Britannica, the Yellow Pages and the Social Register, all rolled up in one. Sometimes it can be much more than that. Privacy advocates are going crazy at the Pentagon's plan to track citizens' purchases, Web-site visits and phone calls. But as my search for the eBay seller indicates, with Google everybody is Big Brother. In the singles world, for instance, "Google dating"—running prospective beaus through the search engine—is now standard practice. If the facts about a suitor stack up, then you can not

only go on the date with confidence, but you know what to talk about. "If I find out he's a runner, for instance, that's something I know we have in common, and I'll say that I'm a runner, too," says Krissy Goetz, a 24-year-old interactive designer in New York City.

Google's uses are limited only by the imaginations of those who punch in 150 million searches a day. And new uses seem to emerge almost as quickly as the typical 0.3 seconds it takes to get Google results. People use it to find long-lost relatives, recall old song lyrics and locate parts for old MGs. College instructors sniffing for plagiarism type in suspiciously accomplished phrases from the papers of otherwise inarticulate students. Computer programmers type in error-code numbers to find out which Windows function crashed their program. Google can even save your life. When Terry Chilton, of Plattsburgh, New York, felt a pressure in his chest one morning, he Googled heart attacks, and quickly was directed to a detailed list of symptoms on the American Heart Association site. "I better get my butt to the hospital," he told himself, and within hours he was in life-saving surgery.

Because Google is now the default means of accessing information for so many people, the contents of Google's world are coming to matter very much in the real world. When Judge Richard Posner wrote a book recently to identify the world's leading intellectuals, he used Google hits as a key criterion. When the Chinese government decided that the Web offered its citizenry an overly intimate view of the world outside its borders, what better way to pull down the shades than to block Google? (Within a week the Chinese changed direction; Google was too useful to withhold.) Companies that do business online have become justifiably obsessed with Google's power. "If you drop down on Google, your business can come to a screeching halt," says Greg Boser of WebGuerilla, an Internet consultancy.

Google was the brainchild of two Stanford graduate students who refused to accept the conventional wisdom that Internet searching

NEWSWEEK DECEMBER 16, 2002

Science & Technology

How Do They Find It So

In less than half a second, Google will deliver frighteningly accurate information. Here's what happens when you type in a query.

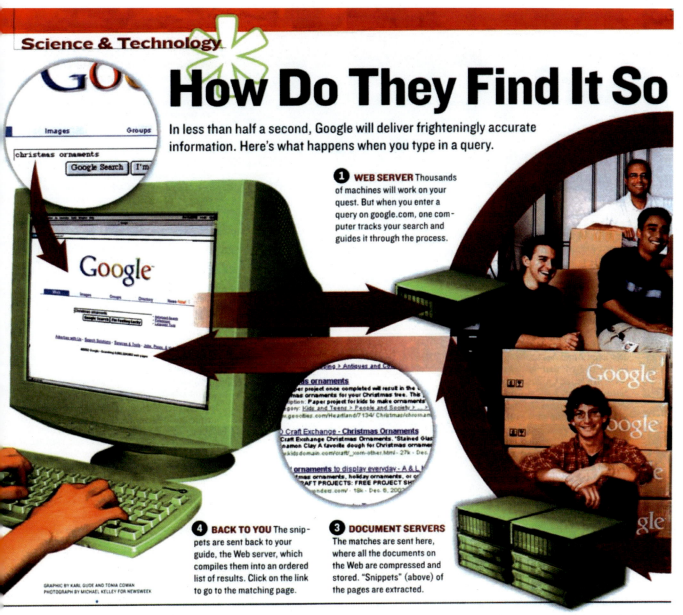

1 WEB SERVER Thousands of machines will work on your quest. But when you enter a query on google.com, one computer tracks your search and guides it through the process.

4 BACK TO YOU The snippets are sent back to your guide, the Web server, which compiles them into an ordered list of results. Click on the link to go to the matching page.

3 DOCUMENT SERVERS The matches are sent here, where all the documents on the Web are compressed and stored. "Snippets" (above) of the pages are extracted.

GRAPHIC BY KARL GUDE AND TONIA COWAN
PHOTOGRAPH BY MICHAEL KELLEY FOR NEWSWEEK

was either a solved problem or not very interesting. Larry Page was an all-American type (geek variety) whose dad taught computer science in Lansing, Michigan. Sergey Brin, with the dark brooding looks of a chess prodigy, emigrated from Russia at the age of 6: his father was a math professor. Brin and Page, who met as 22-year-old doctoral candidates in computer science in 1995, began with an academic research project that morphed into an experiment on Web searching.

Their big idea was something they called PageRank (named after Larry), which took into account not just the title or text on a Web site but the other sites linked to it. "Our intention of doing the ranking properly was that you should get the site you meant to get," says Page. Basically, the system exploited the dizzyingly complex linking network of the Web itself—and the collective intelligence of the millions who surfed the Web—so that when you searched, you could follow in the pathways of others who were interested in that same information.

When you searched for "New York Yankees" on some other engine, the top results might be crowded with sporting goods stores or books on Sparky Lyle. With Backrub (the system's original name), your first hit would be the Official Yankees Home Page.

Their system became a cult favorite among Stanfordites, and more computer power was required. Page and Brin would sit on loading docks and wait for new servers to be delivered to the computer-science department. "Pretty soon, we had 10,000 searches a day," says Page. "And we figured, maybe this is really real."

So in 1998 they sought to fund a company. After a 15-minute pitch, Sun Microsystems cofounder Andy wrote a $100,000 check on the spot. It was made out to Google, the new name that the founders had chosen ("Googol" is the mathematical term for the number one followed by a hundred zeros). At that point, Brin and Page figured they'd better incorporate, so they could open a bank account in which to deposit the check. Eventually venture-capital firms signed on, and the start-up took space in a Mountain View, California, office park, which was dubbed the Googleplex.

NEWSWEEK DECEMBER 16, 2002

Fast?

GOOGLE TO GO: Some of the 500 staffers at the Mountain View HQ

CRAWLING Every month, Googlebots—special surfing computers—methodically visit all 3 billion (and growing) pages on the Web, grabbing the information to be sorted by the index servers and stored on the document servers. Other bots scan frequently updated sites daily.

❷ INDEX SERVERS The query then comes here, a concordance of all the pages on the Web, similar to a book index. The servers look for matches, then determine relevance by complicated rules.

ADVANCED GOOGLING Don't stop with simple Web searches. You can also look for images, or scan decades' worth of Internet bulletin-board postings. You can install the Google Toolbar, which puts searching power right on your browser. Type in an address and get a map. Type in a name and state and get a phone number; type in an area code and phone number and get an address.

In some ways, the hang-loose atmosphere echoed other self-indulgent bubble operations: massages for employees, dogs running free, a grand piano in the lobby, Jerry Garcia's former chef cooking lunches and dinners in the on-site Google Café. But in other respects, the pair gloried in being cheap. They built their own servers, using disk drives that had been discarded as defective but could be revived by a software transplant. And since Brin believed that you didn't have a real business without black ink, they made sure that Google—defiance of the dot-com ethic—would quickly make a profit.

Making money allows Google to resist another bubble-related pitfall: a premature IPO. "We don't need it," says CEO Eric Schmidt, a former Sun and Novell exec who joined a year ago. "We are doing very well as a private company."

Since it's free to users, how does Google rake in bucks? License fees from places like Yahoo or AOL. Corporate sales—big operations pay as much as a half-million dollars to use Google technology to search their own information. And for as little as $20,000, moderate enterprises can buy Google in a Box, a pizza-size server. But the bulk of the company's revenues (estimated at $100 million this year, and growing at a 100 percent rate) come from the much-maligned category of advertising.

Every Web site insists that its ads provide welcome information, but Google can actually say this with a straight face. "We believe ads have to be relevant to what the user is looking for," says Brin. Advertisers buy words associated with given searches: for a fixed fee (which can reach six figures), they can run campaigns to place a couple of lines on top of the results. And with its AdWords program, Google auctions text-based ads that sit to the right of the results. These "sponsored links" are clearly labeled and limited to eight per page, with no intrusive graphics, banners or pop-ups.

Held sacrosanct are the actual search results—they can't be bought. "We take a blood oath on that issue," says Schmidt. But in a small number of cases, Google does mess with the results. It tries to identify and block results from hard-core-porn sites. It has removed certain links that the Church of Scientology contends are in violation of its intellectual-property rights. In its foreign-language versions, Google will follow the local laws, removing, for instance, Holocaust-denial sites. Some people find this censoring worrisome, as they view Google as an infallible reporter of everything on the Web, good and bad.

Google's leaders know that their importance often puts them in risky territory. "Every possible contentious political issue comes up at Google," says Brin. Generally, they go for openness, though they realize that privacy takes a hit when anyone can browse through your life in half a second. Page figures folk will simply adjust: "People are starting to realize, because Google exists, that when you publish something online, it might be associated with you forever."

Looking toward the future, Google's main efforts have been in collecting more information to search, and providing new ways to do it. The home page now includes a means to search the Web for images, and there's also a Google dictionary and a Google phone book. If your results are in a foreign language, Google will translate for you. Coming next are special searches for products and quotations. A recent triumph is Google News, which scours news sites for up-to-the-minute stories, automatically arranging them into a Web page similar to those posted by CNN or Yahoo.

From the office Brin and Page share—a warren crammed with toy cars, kites, hockey sticks and, of course, computer screens dominating their door-on-sawhorse desks—the cofounders dream up even wilder plans. "The ultimate search engine would be smart; it would understand everything in the world," says Page. Adds Brin: "I view Google as a way to augment your brain with the knowledge of the world," says Brin. "It will be included in your brain."

So you have a funny feeling you're being Googled? Get used to it. ■

NEWSWEEK DECEMBER 16, 2002

THE WORLD ACCORDING TO GOOGLE

Source: Newsweek
December, 2002

1. Discuta com um colega:

   ☐ Quais os mecanismos de busca que você conhece?

   ☐ Qual deles você usa com mais frequência? Por quê?

2. Quem são os dois alunos de Stanford que se recusaram a aceitar que a sabedoria convencional afirmava que a busca na Internet era um problema resolvido ou algo nada interessante?

3. Qual o nome dado a 1ª idéia desses dois rapazes? Por quê?

4. No que esse novo mecanismo de busca era diferente dos outros?

5. O que aconteceu em 1998?

6. Qual o significado do termo **"Googol"?**

7. Se o Google é grátis para os seus usuários, como eles ganham tanto dinheiro?

8. Quais são os principais esforços do Google?

9. Como você descreveria a rotina no **"Googleplex"?**

10. Que tipo de pesquisa pode ser feita no **"Advanced Googling"?**

11. Qual o caminho que o Google faz para encontrar a informação em menos de meio segundo?

12. Escolha no máximo 10 palavras que você sentiu dificuldade para entender o significado mesmo levando em conta o contexto semântico e procure seus significados no dicionário. Não liste cognatas.

13. Copie do texto 5 Grupos Nominais e traduza-os:

Noun Groups	Translation

The TipSheet

Smart Strategies for Your Money, Health, Family, Technology, Design, Real Estate, Travel

TECHNOLOGY
TIME TO READ AN E-BOOK?

BY ANNA KUCHMENT

MARC STEUBEN IS hooked on electronic books. "I love the e-reading experience," says the 37-year-old programmer from Boulder, Colorado. "I like the search functionality, I like that I can resize text to make it bigger and I like the fact that it's backlit, so I can read at night without the lights on." He feels no different about his e-book, he says, than another reader might feel about a well-worn copy of "The Catcher in the Rye." "People say there's something sensual about books that they love. But you can get that same connection and experience from an e-book."

E-books? Most of us haven't given them a second thought since Stephen King's digitally published "Riding the Bullet" was supposed to relegate paperbacks to the status of stone tablets. That was back in March 2000. After 400,000 fans ordered the novella in a single day, publishers like Time Warner and Random House raced to set up e-divisions of their own. But King's book never translated to the rest of the industry.

Nevertheless, there are signs that e-books are slowly springing to life. Simon & Schuster has seen double-digit growth in its online division since last year, as has PerfectBound, the e-publishing division of Harper-Collins. Fictionwise.com, a popular online retailer of e-books, expects to see its first profitable quarter either this summer or next fall.

As they grow, publishers are continually experimenting with and enhancing the e-reading experience. Which means that, if you haven't read an e-book yet, it's not a bad time to try. HarperCollins has added special features to all its digital offerings. The electronic version of Marcus Borg's "Reading the Bible for the First Time" comes with lengthy excerpts from the Bible—something that in print format would have taken hundreds of pages to reproduce. Other companies, like Fictionwise.com, have started snapping up rights to out-of-print books. A popular site with parents is Nightkitchen.com, which offers free and low-cost children's e-books that come with colorful animation and streaming video.

The main problem with e-books has been that readers must choose between small PDA screens, cumbersome laptops and pricey dedicated readers like the REB 1200. Later this year, though, companies like Compaq and Toshiba will start rolling out Tablet PCs, clipboard-size computers with wireless technology. A little farther in the future is a concept called electronic paper, which has a resolution twice as sharp as that of an LCD screen, uses less power and can be viewed in direct sunlight. And it is flexible, providing some of the tactile experience you get from that old copy of J. D. Salinger's classic.

TIME TO READ AN E-BOOK?

Source: Newsweek
July, 2002

Warm up

1. Você gosta de ler? Por quê?

2. O que você prefere ler: revistas, jornais, livros, gibi, etc?

3. Você leria um livro virtual? Por quê? (não)?

Reading Strategies

4. Utilizando a estratégia "skimming" faça uma leitura rápida do texto e responda:

   🖱 Sobre o que é o texto? A figura o ajuda a responder?

   🖱 Em que parte da revista você encontraria este texto inserido?

   🖱 Existe alguma palavra que se repete? Você consegue entender seu significado?

5. Utilizando a estratégia "scanning", responda:

   💾 Com o que o número 400,000 é associado?

   💾 De acordo com o texto qual é o principal problema com os livros virtuais?

Vocabulary Exercises

6. Observando o contexto semântico das palavras abaixo, tente ligar as palavras em inglês com suas possíveis traduções:

a. hooked on	( ) varejista
b. well-worn	( ) pesadão, desajeitado
c. snap up	( ) realçar, intensificar
d. retailer	( ) com obsessão por
e. enhancing	( ) agarrar
f. cumbersome	( ) gasto, usado

7. Faça uma lista de palavras da área de computação que você possa eventualmente encontrar em outros textos e possam ser úteis para você (não liste cognatas):

8. Separe o prefixo e/ou sufixo da palavra e escreva seu radical:

Word	Prefix	Suffix	Root
programmer			
resize			
connection			
publishers			
profitable			
lengthy			
colorful			
division			
animation			

9. Copie do texto sentenças que apresentam os seguintes tempos verbais:

Present Simple →
Present Perfect →
Simple Past →
Passive Voice →
Modal Verb →

10. Escreva os nomes dos dois autores mencionados no texto. Um escreveu um clássico e o outro escreve 'thrillers'.

_____

_____

_____

_____

Critical Reading

⌛ Em sua opinião quais as vantagens e /ou desvantagens de um livro virtual?

⌛ O que poderíamos fazer para incentivar a leitura eletrônica de livros?

Special Advertising Section

THE WIRELESS REVOLUTION

3G:
The Coming Revolution in Wireless

By Pamela Weintraub

Just when we think we have seen the last great communications revolution in the form of the Internet, another, even more radical, shift is about to come our way. The next wave will surround us with connectivity, not only to the World Wide Web, but also to our telephones, our sources of entertainment, our offices, even the appliances in our home, from wherever we are, 24 hours a day. What some people are calling the Big Bang of connectivity—third-generation mobile telephony, or 3G—has promised to free us from the confines of cables, fixed access points and slow connection for good.

Connected to the Internet continually, without the requirement of your logging on and off, 3G devices will fit in your pocket or hang from your belt. At first they may seem to be merely more efficient and reliable versions of the mobile phones we use today. But that perception will be short-lived. At 3G speeds, a pocket-size communicator could zoom beyond simple voice calls and messaging to include mobile video-conferencing, the routine use of video postcards, the delivery of CD-quality music, the storage and retrieval of personal information, as well as potentially endless variations on mobile electronic commerce.

In the near term, 3G phones will scan the Web at high speed, with pages modified for mini color screens. Among the perks: instant access to news, goods and services, banking and stock trading, multiplayer games and the ability to exchange multimedia messages with people all over the world. A user could videotape a scene through a digital camera in the phone, then send it to

computers or other mobile phones anywhere in the world.

Later versions, say forecasters, will be operated by tapping a screen or issuing voice commands. They might enable us to attach scents to e-mails, and, all concur, will know where we are on Planet Earth at any given moment, providing us with directions from anywhere to

DigitalVision

anywhere in real time.

Gunnar Liljegren, director of corporate marketing for Ericsson, says that we'll be able to use our 3G mobile phone to book a court at the tennis club. "You'll be able to view the openings available on your screen and reserve the time and date with the push of a pen, and then pay the club by credit card through the phone, too."

Rod Nelson, chief technology officer at AT&T Wireless, predicts 3G will provide

workers with immediate access to corporate intranets. Streaming media will enable users to pull out their phones and videoconference with colleagues or clients from the airport or the car.

But these specifics are just part of the Big Bang vision that industry architects propose. Third-generation is much more than Internet or wireless communications, according to the UMTS (Universal Mobile Telecommunications System) Forum, a multinational group formed to increase awareness of 3G issues. Instead, the group says, next-generation wireless is a paradigm-shifting technology poised to create "new pathways for business, entertainment and information" through "the convergence of telecommunications, Internet and media."

One result will be a "trading revolution" driven by mobile commerce and the development of mobile, Internet-based electronic payment systems. Another will be the ability to control, coordinate and customize vast amounts of information from diverse sources through devices that work from any location on the planet and fit in the palm of your hand.

Given a multitude of such 3G applications, the size of the new industry is bound to be vast. According to a recent survey conducted by the UMTS Forum, the new technology will represent a cumulative market opportunity worth as much as $1 trillion for mobile operators between now and 2010. Telecom operators could see $300 billion a year in revenue from third-generation services by 2010, the report found, and individuals with 3G service could spend about $30 per month on data services alone. If predictions are correct, in fact, third-generation providers could see more revenue from data services—including transmission of text and graphics—than voice, with data representing 66 percent of 3G service revenue by 2010.

"Ultimately," says UMTS Forum chairman Dr. Bernd Eylert, "only 3G can deliver the capabilities and services necessary to support the expectations that tomorrow's users will have."

NEWSWEEK JUNE 11, 2001

3G: The Coming Revolution in Wireless

Source: Newsweek
June, 2001

1. Is connectivity a keyword when we talk about wireless? Justify.

2. Does the text help you to understand what is 3G? How? Which lines explain it?

3. Find in the text words equivalent to the following meanings:
   🖱 You start using a computer system, especially by giving a password = _____ _____

   🖱 You finish using the system by following an approved set of instructions = _____ _____

4. Match the words with the meaning that best suits them taking into consideration the context where they appear:

a. sources	( ) vantagens, benefícios
b. short-lived	( ) rendimento
c. perks	( ) fontes
d. forecasters	( ) estar pronto para fazer algo a qualquer momento
e. poised	( ) será de vida curta, efêmera
f. revenue	( ) pessoas que fazem previsões

5. Explain the numbers and acronyms below:

| a. www = |
| b. 24 = |
| c. UMTS = |
| d. $1 trillion = |
| e. $300 billion = |
| f. $30 = |
| g. 66% = |
| h. 2010 = |

6. Read the sentences and identify the verb tenses:

I. "Just when we think we **have seen** the last great communications revolution…"
II. "The next wave **will surround** us with connectivity…"
III. "What some people **are calling** the Big Bang of connectivity…"
IV. "Later versions, **say** forecasters…"

(   ) *Simple Present*
(   ) *Present Continuous*
(   ) *Simple Future*
(   ) *Present Perfect*

7. What is the predominant verb tense in the text? How can you explain the repetition of this verb tense?

8. In the sentences below the verb underlined expresses:

I. "Telecom operators **could see** $300 billion…"
II. "…individuals with 3G service **could spend** …"
III. "A user **could videotape** a scene through a digital camera in the phone…"

a. possibilidade (   )
b. permissão (   )
c. conselho (   )
d. obrigatoriedade (   )

9. Separate the suffix and/or the prefix of the words and write their roots:

Word	Suffix	Prefix	Root
revolution			
entertainment			
connectivity			
requirement			
conducted			
operators			
multinational			
forecasters			
expectations			

10. Select three sentences from the text which have the linker *but,* then translate them:

I.

TEXT CREDITS

Office Space, the sequel by Peter Suciu, Newsweek, September 22, 2003, page 57.

Free for All by Miriam Mahlow, Newsweek, June 30, 2003/July 7, 2003, pages 58+59.

Time to read an e-book? by Anna Kuchment, Newsweek, July 22/29, 2002, page 80.

A Brief History of PCs by Steven Levy, Newsweek, December 8, 2003, page 32.

Are you ready to WI-FI? by Michael Hastings, Newsweek, May 19, 2003, page 53.

Online's Unholy Alliance by Jonathan Adams, Newsweek, September 8, 2003, page 45.

PC Prescription: Tablet by Steven Levy, Newsweek, July 1, 2002, page 60.

Will the Blogs Kill Old Media? By Steven Levy, Newsweek, May 27, 2002, page 58.

The World According to Google by Steven Levy, Newsweek, December 16, 2002, pages 42+43.

The Light at the End of the Computer by Temma Ehrenfeld, Newsweek, February 23, 2004, page 46.

3G: The Coming Revolution in Wireless by Pamela Weintraub, Newsweek, June 11, 2001, page 30.

Gramática

ACTIVE TENSES

Simple Present			
Present Action or Condition	General Truths	Non-action; Habitual Action	Future Time
• I hear you. • Here comes the bus.	• There are thirty days in September.	• I like music. • I run on Tuesdays.	• The train leaves at 4:00 p.m.

Present Progressive	
Activity in Progress	Verbs of Perception
• I am playing soccer now.	• He is feeling sad.

Simple Past	
Completed Action	Completed Condition
• We visted the museum yesterday.	• The weather was rainy last week.

Past Progressive	
Past Action that took place over a period of time	Past Action interrupted by another
• They were climbing for twenty-seven days.	• We were eating dinner when she told me.

Future	
With will/won't — Activity or event that will or won't exist or happen in the future	With going to — future in relation to circumstances in the present
• I'll get up late tomorrow. • I won't get up early.	• I'm hungry. • I'm going to get something to eat.

Present Perfect		
With verbs of state that begin in the past and lead up to and include the present	To express habitual or continued action	With events occurring at an indefinite or unspecified time in the past — with ever, never, before
• He has lived here for many years.	• He has worn glasses all his life.	• Have you ever been to Tokyo before?

Present Perfect Progressive
To express duration of an action that began in the past, has continued into the present, and may continue into the future
• David has been working for two hours, and he hasn't finished yet.

Past Perfect	
To describe a past event or condition completed before another event in the past	In reported speech
• When I arrived home, he had already called.	• Jane said that she had gone to the movies.

Future perfect
To express action that will be completed by or before a specified time in the future
• By next month we will have finished this job. • He won't have finished his work until 2:00.

PASSIVE TENSES

Simple Present	
active:	passive:
• The company ships the computers to many foreign countries.	• Computers are shipped to many foreign countries.

Present Progressive	
active:	passive:
• The chef is preparing the food.	• The food is being prepared.

Simple Past	
active:	passive:
• The delivery man delivered the package yesterday.	• The package was delivered yesterday.

Past Progressive	
active:	passive:
• The producer was making an announcement.	• An announcement was being made.

Future	
active:	passive:
• Our representative will pick up the computer.	• The computer will be picked up.

Present Perfect	
active:	passive:
• Someone has made the arrangements for us.	• The arrangements have been made for us.

Past Perfect	
active:	passive:
• They had given us visas for three months.	• We had been given visas for three months.

Future perfect	
active:	passive:
• By next month we will have finished this job.	• By next month this job will have been finished.

Modals	
active:	passive:
• You can use the computer.	• The computer can be used.

Verb Tenses

TENSE	POSITIVE	NEGATIVE	QUESTION	USE
Simple Present	I play tennis on Mondays.	They don't (do not) work in New York.	Does she know him?	Habitual activities - States
Simple Past	She went to Paris last week.	They didn't (did not) drive to work.	Where did she get that hat?	Actions happening at a defined moment in the past.
Simple Future	I'll (will) meet you at the airport tomorrow.	He won't (will not) be able to come.	Will they visit us soon?	Decisions made at the moment about the future, future predictions, future promises
Present Continuous	He's (is) working at the moment.	They aren't (are not) coming this evening.	What are you doing?	Actions happening at the present moment. Near future intention and scheduling.
Past Continuous	I was watching TV when you called.	He wasn't (was not) working when she arrived.	What were you doing when I called?	Interrupted past action, action happening at a specific moment in time in the past.
Future Continuous	I'll (will) be cooking dinner when you arrive.	They won't (will not) be living in Paris this time next year.	What will you be doing next week at this time?	Future action at a specific moment in the future.
Future with Going to	He's (is) going to fly to Boston next week.	They're (are) not going to invite the Browns.	Where are you going to stay?	Future intent or planned action

65

TENSE	POSITIVE	NEGATIVE	QUESTION	USE
Present Perfect	I've (have) seen Mick three times this week.	She hasn't (has not) been to New York.	How long have you worked at Smith's?	1) To express an action that was begun in the past and continues into the present. 2) To express an action that happened in the Unspecified past. 3) To express a recent action that has a present effect.
Past Perfect	I'd (had) already eaten before they came.	She hadn't (had not) been to Rome before that trip.	Had you ever seen such a crazy lady before that?	To express an action that happens before another action in the past.
Future Perfect	We'll (will) have lived here for twenty years by 2005.	She won't (will not) have finished her homework by the time we arrive.	How long will you have lived in France by the end of next year?	To express what will have happened or how long something will have happened up to a certain point in the future.
Present Perfect Continuous	She's (has) been waiting for over three hours.	They haven't (have not) been studying for long.	How long have you been working on that problem?	To express the duration of a continuous activity begun in the past and continuing into the present.
Past Perfect Continuous	She'd (had) been waiting for three hours when he finally arrived.	I hadn't (had not) been sleeping for long when I heard the doorbell ring.	How long had you been playing tennis when she arrived?	To express the duration of a continuous activity begun before another activity in the past.
Future Perfect Continuous	He'll (will) have been sleeping for a few hours by the time we arrive.	She won't (will not) have been working for long by 5 o'clock.	How long will you have been driving by 6 o'clock?	To express the duration of an activity up to a point of time in the future.

NUMBERS

The **cardinal** numbers (one, two, three, etc.) are adjectives referring to quantity, and the **ordinal** numbers (first, second, third, etc.) refer to distribution.

Number	Ordinal	Cardinal
1	first	one
2	two	second
3	three	third
4	four	fourth
5	five	fifth
6	six	sixth
7	seven	seventh
8	eight	eighth
9	nine	ninth
10	ten	tenth
11	eleven	eleventh
12	twelve	twelfth
13	thirteen	thirteenth
14	fourteen	fourteenth
15	fifteen	fifteenth
16	sixteen	sixteenth
17	seventeen	seventeenth

18	eighteen	eighteenth
19	nineteen	nineteenth
20	twenty	twentieth
21	twenty-one	twenty-first
22	twenty-two	twenty-second
23	twenty-three	twenty-third
24	twenty-four	twenty-fourth
25	twenty-five	twenty-fifth
26	twenty-six	twenty-sixth
27	twenty-seven	twenty-seventh
28	twenty-eight	twenty-eighth
29	twenty-nine	twenty-ninth
30	thirty	thirtieth
31	thirty-one	thirty-first
40	forty	fortieth
50	fifty	fiftieth
60	sixty	sixtieth
70	seventy	seventieth
80	eighty	eightieth
90	ninety	ninetieth
100	one hundred	hundredth
500	five hundred	five hundredth
1,000	one thousand	thousandth
100,000	one hundred thousand	hundred thousandth
1,000,000	one million	millionth

Examples:
- There are *twenty-five* people in the room.
- He was the *fourteenth* person to win the award since 1934.
- *Six hundred thousand* people were left homeless after the earthquake.
- I must have asked you *twenty* times to be quiet.
- He went to Israel for the *third* time this year.

Fractions and decimals		
Said	Written	Said
half	0.5	point five
a quarter	0.25	point two five
three quarters	0.75	point seven five

Percentages	
Written	Said
25%	twenty five percent
50%	fifty percent
75%	seventy five percent
100%	a/one hundred percent

Units	
Written	Said
$1,200	one thousand two hundred dollars
£16,486	sixteen thousand four hundred and eighty-six pounds
545 kms	five hundred and forty-five kilometres
$25.35	twenty-five dollars thirty-five

Years	
Written	Said
1988	Nineteen eighty-eight
1864	Eighteen sixty-four
1999	Nineteen ninety-nine

How to say 'Zero'	
nought	**used in mathematical expressions and decimals:** '*nought* times three equals *nought*' 0.3 = '*nought* point three' (or 'point three') 0.03 = 'point *nought* three'
zero	**used in scientific expressions, especially temperatures:** 20°C = minus twenty degrees *or* twenty degrees below **zero** **also used to mean 'the lowest point':** 'The heavy rain reduced visibility to **zero**'
'o' (the letter)	**used in telephone numbers:** 0171 390 0062 = '*o* one seven one three nine *o* double *o* six two'
nil/nothing	**used to express the score in games such as football:** 2-0 = 'two *nil*' or 'two *nothing*'

USE OF CAPITAL LETTERS WITH NOUNS

Capital letters are used with:

Names and titles of people

a. Winston Churchill
b. Marilyn Monroe
c. the Queen of England
d. the President of the United States
e. the Headmaster of Eton
f. Doctor Mathews
g. Professor Samuels.
Note: The personal pronoun 'I' is always written with a capital letter.

Titles of works, books etc.

a. War and Peace
b. The Merchant of Venice
c. Crime and Punishment
d. Tristan and Isolde

Months of the year

January
February
March
April
May
June
July
August
September
October
November
December

Days of the week

Monday
Tuesday
Wednesday
Thursday
Friday
Saturday
Sunday

Seasons

Spring
Summer
Autumn
Winter

Holidays

Christmas
Boxing Day
Easter
May Day
New Year's Day
Thanksgiving Day

Geographical names... names of countries and continents

America
England
Scotland
China
Peru
Albania
Africa
Europe
Asia

Names of regions, states, districts etc.

Sussex
California
Queensland
Provence
Tuscany
Vaud
Florida
Costa Brava
Tyrol

Names of cities, towns, villages etc.

London
Cape Town
Rome
Florence
Bath
Wagga Wagga
Vancouver
Wellington
Peking

Names of rivers, oceans, seas, lakes etc.

the Atlantic
the Dead Sea
the Pacific
Lake Leman
Lake Victoria
Lake Michigan
the Rhine
the Thames
the Nile

Names of geographical formations

the Himalayas
the Alps
the Sahara

Adjectives relating to nationality nouns

France - French music
Australia - Australian animals
Germany - German literature
Arabia - Arabic writing
Indonesia - Indonesian poetry
China - Chinese food

Names of streets, buildings, parks etc.

Park Lane
Central Avenue
Pall Mall
George Street
Sydney Opera House
Central Park
Hyde Park
the Empire State Building
Wall Street

Definite Article

The

Articles in English are invariable. That is, they do not change according to the gender or number of the noun they refer to, e.g. **the boy, the woman, the children**

'**The**' is used:

1. to refer to something which has already been mentioned.
   Example: An elephant and a mouse fell in love.
   > **The mouse** loved **the elephant's** long trunk,
   > and **the elephant** loved **the mouse's** tiny nose.

2. when both the speaker and listener know what is being talked about, even if it has not been mentioned before.
   Example: 'Where's **the bathroom?**'
   > 'It's on **the first floor.**'

3. in sentences or clauses where we define or identify a particular person or object:
   Examples: **The man** who wrote this book is famous.
   > 'Which car did you scratch?' '**The red one.**'
   > My house is **the** one with a blue door.'

4. to refer to objects we regard as unique:
   Examples: **the sun, the moon, the world**

5. before superlatives and ordinal numbers:
   Examples: **the highest** building, **the first** page, **the last** chapter.

6. with adjectives, to refer to a whole group of people:
   Examples: **the** Japanese (see Nouns - Nationalities), **the** old

7. with names of geographical areas and oceans:
   Examples: **the** Caribbean, **the** Sahara, **the** Atlantic

8. with decades, or groups of years:
   Example: she grew up in **the** seventies

INDEFINITE ARTICLE

A / An

Use **'a'** with nouns starting with a ***consonant sound***,
'an' with nouns starting with a ***vowel sound***.

Examples:
    A boy
    An apple
    A car
    An orange
    A house
    An opera

NOTE:
An before an *h* mute - **an** hour, **an** honour.
A before *u* and *eu* when they sound like *'you'*: *a* **eu**ropean, *a* **u**niversity, *a* **u**nit

The indefinite article is used:
* to refer to something for the first time:
    An elephant and ***a mouse*** fell in love.
    Would you like ***a drink***?
    I've finally got ***a good job***.

- **to refer to a particular member of a group or class**

  Examples:

  – **with names of jobs:**

  John is *a doctor*.

  Mary is training to be *an engineer*.

  He wants to be *a dancer*.

  – **with nationalities and religions:**

  John is *an Englishman*.

  Kate is *a Catholic*.

  – **with musical instruments:**

  Sherlock Holmes was playing *a violin* when the visitor arrived.

  (**BUT** to describe the activity we say "He plays the violin.")

  – **with names of days:**

  I was born on *a Thursday*

- **to refer to a kind of, or example of something:**

  the mouse had *a tiny nose*

  the elephant had *a long trunk*

  it was *a very strange car*

  – **with singular nouns, after the words '*what*' and '*such*':**

  What *a shame*!

  She's such *a beautiful girl*.

  – **meaning 'one', referring to a single object or person:**

  I'd like *an orange* and two lemons please.

  The burglar took *a diamond necklace* and *a valuable painting*.

  Notice also that we usually say *a hundred*, *a thousand*, *a million*.

  NOTE: that we use '*one*' to add emphasis or to contrast with other numbers:

  I don't know *one person* who likes eating elephant meat.

  We've got *six computers* but only *one printer*.

Exceptions to using the definite article

There is **no** article:

- with names of **countries** (if singular)

  Germany is an important economic power.

78

He's just returned from *Zimbabwe*.
(**But:** I'm visiting *the United States* next week.)

- with the names of **languages**
French is spoken in Tahiti.
English uses many words of *Latin* origin.
Indonesian is a relatively new language.

- with the names of **meals**.
Lunch is at midday.
Dinner is in the evening.
Breakfast is the first meal of the day.

- with people's **names** (if singular):
John's coming to the party.
George King is my uncle.
(**But:** we're having lunch with *the Morgans* tomorrow.)

- with **titles** and **names**:
Prince Charles is Queen Elizabeth's son.
President Kennedy was assassinated in Dallas.
Dr. Watson was Sherlock Holmes' friend.
(**But:** *the Queen of England, the Pope*.)

- After the '**s** possessive case:
His brother's *car*.
Peter's *house*.

- with **professions**:
Engineering is a useful career.
He'll probably go into *medicine*.

- with **names of shops**:
I'll get the card at *Smith's*.
Can you go to **Boots** for me?

- with **years**:
1948 was a wonderful year.
Do you remember 1995?

- with **uncountable nouns:**
  Rice is the main food in Asia.
  Milk is often added to *tea* in England.
  War is destructive.

- with the names of **individual mountains, lakes and islands:**
  Mount McKinley is the highest mountain in Alaska.
  She lives near *Lake Windermere*.
  Have you visited *Long Island*?

- with most **names of towns, streets, stations and airports:**
  Victoria Station is in the centre of London.
  Can you direct me to Bond Street?
  She lives in Florence.
  They're flying from Heathrow.

- in some **fixed expressions**, for example:

by car	by train	by air	on foot	on holiday	on air *(in broadcasting)*
at school	at work	at University		in church	in prison	in bed

Compound nouns made with
SOME, ANY and NO

Some +
Any +   -thing -body -one -where
No +

Compound nouns with **some-** and **any-** are used in the same way as **some** and **any**.

Positive statements:
- **Someone** is sleeping in my bed.
- He saw **something** in the garden.
- I left my glasses **somewhere** in the house.

Questions:
- Are you looking for **someone**? (= I'm sure you are)
- Have you lost **something**? (= I'm sure you have)
- Is there **anything** to eat? (real question)
- Did you go **anywhere** last night?

Negative statements:
- She didn't go **anywhere** last night.
- He doesn't know **anybody** here.

NOTICE that there is a difference in emphasis between **nothing**, **nobody** *etc.* and **not ... anything**, **not ... anybody**:

- I don't know **anything** about it. (= neutral, no emphasis)
- I know **nothing** about it (= more emphatic, maybe defensive)

More examples:

SOMETHING, SOMEBODY, SOMEWHERE

a. I have **something** to tell you.

b. There is **something** to drink in the fridge.

c. He knows **somebody** in New York

d. Susie has **somebody** staying with her.

e. They want to go **somewhere** hot for their holidays.

f. Keith is looking for **somewhere** to live.

ANYBODY, ANYTHING, ANYWHERE

a. Is there **anybody** who speaks English here?

b. Does **anybody** have the time?

c. Is there **anything** to eat?

d. Have you **anything** to say?

e. He doesn't have **anywhere** to stay tonight.

f. I wouldn't eat **anything** except at Maxim's.

NOBODY, NOTHING, NOWHERE

a. There is **nobody** in the house at the moment

b. When I arrived there was **nobody** to meet me.

c. I have learnt **nothing** since I began the course.

d. There is **nothing** to eat.

e. There is **nowhere** as beautiful as Paris in the Spring.

f. Homeless people have **nowhere** to go at night.

ANY can also be used in positive statements to mean '**no matter which**', '**no matter who**', '**no matter what**':

Examples:

a. You can borrow **any** of my books.

b. They can choose **anything** from the menu.

c. You may invite **anybody** to dinner, I don't mind.

82

INTERROGATIVE ADVERBS

These are:
why, where, how, when
They are usually placed at the **beginning of a question.**

Examples:
- **Why** are you so late?
- **Where** is my passport?
- **How** are you?
- **How** much is that coat?
- **When** does the train arrive?

Notice that **how** can be used in four different ways:
1. meaning *'in what way?'*:
   How did you make this sauce?
   How do you start the car?
2. with **adjectives**:
   How tall are you?
   How old is your house?
3. with **much** and **many**:
   How much are these tomatoes?
   How many people are coming to the party?

4. with other *adverbs*:

    How quickly can you read this?

    How often do you go to London?

WHICH, WHAT, WHOSE

In questions, these words ask which thing or person is being referred to. They are placed before the noun.

- **Which** dress are you going to wear tonight?
- **What** colour is your dress?
- **Whose** car are you going to use?

THE POSSESSIVES

Possessive pronouns and possessive adjectives show who the thing belongs to.

Person		Adjectives	Pronouns
1st	(I)	my	mine
2nd	(you)	your	yours
3rd	(he)	his	his
	(she)	her	hers
	(it)	it	its
Plural			
1st	(we)	our	ours
2nd	(you)	your	yours
3rd	(they)	their	theirs

NOTE: In English, possessive adjectives and pronouns refer to the possessor, not the object or person that is possessed.

Example:
Jane's brother is married to John's sister.
Her brother is married to **his** sister.

Examples:

a. Peter and **his sister**.

b. Jane and **her father**.

c. Do you know where **your books** are?

d. Is this **their picnic**? No, it is **ours**.

e. I think this is **your** passport. Yes, it is **mine**.

Other, Another

These words refer to something different, remaining, or additional.

They are placed **before the noun.**

Another is used with singular nouns, **other** with singular or plural.

- There are **other** jobs you could try.
- Where's the **other** packet of cereals?
- Is there any **other** bread?
- Have **another** cup of tea.

Order of Adjectives

Where a number of adjectives are used together, the order depends on the function of the adjective. The usual order is:

Value/opinion, Size, Age/Temperature, Shape, Colour, Origin, Material

Value/opinion	delicious, lovely, charming
Size	small, huge, tiny
Age/Temperature	old, hot, young
Shape	round, square, rectangular
Colour	red, blonde, black
Origin	Swedish, Victorian, Chinese
Material	plastic, wooden, silver

Examples:

- a **lovely old red** post-box
- some **small round plastic** tables
- some **charming small silver** ornaments

NOUNS

Nouns answer the questions "What is it?" **and** "Who is it?"
They give names to things, people and qualities.

Examples: *dog, bicycle, man, girl, beauty, truth, world.*

Noun Gender

In general there is no distinction between masculine, feminine and neuter in English nouns. However, gender is sometimes shown by different forms or different words.
Examples:

Different words:

Masculine	Feminine
man	woman
father	mother
uncle	aunt
boy	girl
husband	wife

Different forms:

Masculine	Feminine
actor	actress
prince	princess
hero	heroine
waiter	waitress
widower	widow

Some nouns can be used for either a *masculine* or a *feminine* subject:

Examples:

cousin	teenager	teacher	doctor
cook	student	parent	friend
relation	colleague	partner	leader

– Mary is a doctor. **She** is a doctor
– Peter is a doctor. **He** is a doctor.
– Arthur is my cousin. **He** is my cousin.
– Jane is my cousin. **She** is my cousin.

It is possible to make the distinction by adding the words *'male'* or *'female'*.

Example:
• a *female* student; a *male* cousin
  For professions, we can add the word 'woman'
  Example: a *woman* doctor; a *woman* journalist.

In some cases nouns describing things are given gender.

Examples:
• I love my car. **She** (the car) is my greatest passion.
• France is popular with **her** (France's) neighbours at the moment.
• I travelled from England to New York on the Queen Elizabeth; **she** (the Queen Elizabeth) is a great ship.

'- ING' FORM

Verbs Followed by the gerund

The gerund is used after certain verbs.

Example:
miss: *I miss living in England.*

The most important of these verbs are shown below.
Those marked * can also be followed by a *that-clause*

Example:

Verb	Gerund
She admitted...	breaking the window
	THAT-CLAUSE
She admitted...	that she had broken the window.
acknowledge,	keep,
*admit,	loathe,
anticipate, appreciate,	mean, (=*have as result*)*
*avoid,	mention,*
celebrate,	mind,
consider, contemplate,	miss,
defer,	pardon,
delay,	postpone,
deny,	prevent,
*detest,	propose,*
dislike,	recall,*
dread,	recollect,*
enjoy,	remember,
entail,	report,*
escape,	resent,
excuse,	resist,
fancy (=*imagine*)*,	risk,
finish,	save (=*prevent the wasted effort*)
forgive,	stop,
imagine,	suggest,*
*involve,	understand,*

Notes:

Appreciate is followed by a *possessive adjective* and the gerund when the gerund does not refer to the subject. Compare:

I appreciate **having** some time off work. (I'm having the time...)

I appreciate your **giving** me some time off work. (You're giving me the time...)

Excuse, forgive, pardon can be followed by *an object* and the gerund or *for* + *object* and the gerund (both common in spoken English), or a *possessive adjective* + gerund (more formal and less likely to be said):

Excuse me **interrupting**.

Excuse me for **interrupting**.

*Excuse my **interrupting**.*

Suggest can be used in a number of ways, but **BE CAREFUL**. It is important not to confuse these patterns:

Suggest/suggested (+ possessive adjective) + gerund:

He suggests **going** to Glastonbury

He suggested **going** to Glastonbury

He suggested/suggests my **going** to Glastonbury

suggest/suggested + that-clause (where both *that* and *should* may be omitted):

He suggests that I should go to Glastonbury

He suggested that I should go to Glastonbury

He suggested/suggests I should go to Glastonbury

He suggested/suggests I go to Glastonbury

He suggested I went to Glastonbury.

Suggest/suggested + question word + infinitive:

He suggested where to go.

Propose is followed by the gerund when it means '*suggest*':

John proposed **going** to the debate

but by the infinitive when it means '*intend*':

*The Government proposes **to bring** in new laws...*

Stop can be followed by a gerund or infinitive, but there is a change of meaning - see *GERUND / INFINITIVE?* Section.

Dread is followed by the infinitive when used with '*think*', in the expression '*I dread to think*':

I dread to think what she'll do next.

Prevent is followed

EITHER by a possessive adjective + gerund:

You can't prevent my **leaving**.

OR by an object + from + gerund:

*You can't prevent me from **leaving**.*

Examples:
- Normally, a mouse wouldn't contemplate *marrying* an elephant.
- Most mice dread *meeting* elephants.
- We can't risk *getting* wet - we haven't got any dry clothes.
- If you take that job it will mean *getting* home late every night.
- I can't imagine *living* in that big house.
- If you buy some petrol now, it will save you *stopping* on the way to London.
- She couldn't resist *eating* the plum she found in the fridge.
- They decided to postpone *painting* the house until the weather improved.

Gerund or Infinitive?

The two groups of verbs below can be followed either by the gerund or by the infinitive. Usually this has no effect on the meaning, but with some verbs there is a clear difference in meaning. Verbs marked * can also be followed by a *that-clause*.

Example: *to prefer*
I prefer **to live** in an apartment.
I prefer **living** in an apartment.

A. Verbs where there is little or no difference in meaning:

allow	deserve	neglect
attempt	fear*	omit
begin	hate*	permit
bother	intend*	prefer*
cease	like	recommend*
continue	love	start

Notes:

1. **Allow** is used in these two patterns:
   a. *Allow + object + to-infinitive:*
      Her parents allowed her **to go** to the party.
   b. *Allow + gerund:*
      Her parents don't allow **smoking** in the house.

2. **Deserve** + gerund is not very common, but is mainly used with passive constructions or where there is a passive meaning:

   a. *Your proposals deserve **being** considered in detail.*

   b. *These ideas deserve discussing.* (= to be discussed).

3. The verbs **hate, love, =like, prefer** are usually followed by a gerund when the meaning is **general,** and by a *to-infinitive* when they refer to a particular time or situation. You must always use the *to-infinitive* with the expressions *'would love to', 'would hate to'*, etc.

Compare:

- *I hate **to tell** you, but Uncle Jim is coming this weekend.*
- *I hate **looking** after elderly relatives!*
- *I love **dancing**.*
- *I would love **to dance** with you.*

B. Verbs where there is a clear difference in meaning:

Verbs marked with an asterisk* can also be followed by a **that-clause**.

come	mean*	stop
forget*	regret*	try
go on	remember*	

NOTES:

Come:

Come + gerund is like other verbs of movement followed by the gerund, and means that the subject is doing something as they move:

- *She came **running** across the field.*

Come + to-infinitive means that something happens or develops, perhaps outside the subject's control:

- *At first I thought he was crazy, but I've come **to appreciate** his sense of humour.*
- *How did you come **to be** outside the wrong house?*
- *This word has come **to mean** something quite different.*

Forget, regret and remember:

When these verbs are followed by a **gerund**, the gerund refers to an action that happened earlier:
- *I remember **locking** the door* (= I remember now, I locked the door earlier)
- *He regretted **speaking** so rudely.* (= he regretted at some time in the past, he had spoken rudely at some earlier time in the past.)

Forget is frequently used with 'never' in the simple future form:
- *I'll never forget **meeting** the Queen.*

When these verbs are followed by a **to-infinitive**, the infinitive refers to an action happening at the same time, or later:
- *I remembered **to lock** the door* (= I thought about it, then I did it.)
- *Don't forget **to buy** some eggs!* (= Please think about it and then do it.)
- *We regret **to announce** the late arrival of the 12.45 from Paddington.* (= We feel sorry before we tell you this bad news.)

Go on:

Go on + gerund means to continue with an action:
- *He went on **speaking** for two hours.*
- *I can't go on **working** like this - I'm exhausted.*

Go on + to-infinitive means to do the next action, which is often the next stage in a process:
- *After introducing her proposal, she went on **to explain** the benefits for the company.*
- *John Smith worked in local government for five years, then went on **to become** a Member of Parliament.*

Mean:

Mean + gerund expresses what the result of an action will be, or what will be necessary:
- *If you take that job in London it will mean **travelling** for two hours every day.*
- *We could take the ferry to France, but that will mean **spending** a night in a hotel.*

Mean + to-infinitive expresses an intention or a plan:
- *Did you mean **to dial** this number?*
- *I mean **to finish** this job by the end of the week!*
- *Sorry - I didn't mean **to hurt** you.*

Stop:

Stop + gerund means to finish an action in progress:
- *I stopped **working** for them because the wages were so low.*
  *Stop **tickling** me!*

Stop + to-infinitive means to interrupt an activity in order to do something else, so the infinitive is used to express a purpose:
- *I stopped **to have** lunch.* (= I was working, or travelling, and I interrupted what I was doing in order to eat.)
- *It's difficult to concentrate on what you are doing if you have to stop **to answer** the phone every five minutes.*

Try:

Try + gerund means to experiment with an action that might be a solution to your problem.
- *If you have problems sleeping, you could try **doing** some yoga before you go to bed, or you could try **drinking** some warm milk.*
- *'I can't get in touch with Carl.' 'Have you tried **e-mailing** him?'*

Try + to-infinitive means to make an effort to do something. It may be something very difficult or even impossible:
- *The surgeons tried **to save** his life but he died on the operating table.*
- *We'll try **to phone** at 6 o'clock, but it might be hard to find a public telephone.*
- *Elephants and mice have to try **to live** together in harmony.*

REPORTED SPEECH

Direct and Reported Speech

You can answer the question "What did he/she say?" in two ways:
- by repeating the words spoken (direct speech)
- by reporting the words spoken (indirect or reported speech).

Direct Speech

Direct speech repeats, or quotes, the exact words spoken. When we use direct speech in writing, we place the words spoken between inverted commas ("....") and there is no change in these words. We may be reporting something that's being said NOW (for example a telephone conversation), or telling someone later about a previous conversation

Examples:

She says "What time will you be home?"
She said "What time will you be home?"
and I said "I don't know! "
"There's a fly in my soup!" screamed Simone.
John said, "There's an elephant outside the window."

Reported Speech

Reported speech is usually used to talk about the past, so we normally change the tense of the words spoken. We use reporting verbs like '*say*', '*tell*', '*ask*', and we may use the word '*that*' to introduce the reported words. Inverted commas are not used.

She said, "I saw him." ⇒ *She said **that she had seen him.***

a. 'That' may be omitted:

She told him that she was happy.

She told him she was happy.

b. 'Say' and '**tell**':

Use '**say**' when there is no indirect object:

He said that he was tired.

Always use '**tell**' when you say who was being spoken to (i.e. with an indirect object):

He told me that he was tired.

'**Talk**' and '**speak**' are used:

– to describe the action of communicating:

He talked to us.

She was speaking on the telephone.

– with '**about**' to refer to what was said:

He talked (to us) about his parents.

Summary of Reporting Verbs

Note that some reporting verbs may appear in more than one of the following groups.

1. Verbs followed by '*if*' or '*whether*' + *clause*:

ask	say
know	see
remember	

2. Verbs followed by a ***that-clause***:

add	argue	confirm	explain	observe
admit	boast	consider	fear	persuade
agree	claim	deny	feel	propose
announce	comment	doubt	insist	remark
answer	complain	estimate	mention	remember

98

repeat	reveal	suggest	think
reply	say	suppose	understand
report	state	tell	warn

3. Verbs followed by either a *that-clause* or a *to-infinitive*:

decide	promise
expect	swear
guarantee	threaten
hope	

4. Verbs followed by a *that-clause containing should*

(but note that it may be omitted, leaving a subject + zero-infinitive):

advise	insist	recommend
beg	prefer	request
demand	propose	suggest

5. Verbs followed by a clause *starting with a question word*:

decide	imagine	see
describe	know	suggest
discover	learn	teach
discuss	realise	tell
explain	remember	think
forget	reveal	understand
guess	say	wonder

6. Verbs followed by *object + to-infinitive*

advise	forbid	teach
ask	instruct	tell
beg	invite	warn
command		

Orders, Requests, Suggestions:

1. When we want to report an **order or request,** we can use a verb like '*tell*' **with a to-clause**.

Examples:

He told me to go away.
The pattern is **verb + indirect object + to-clause**.
(The indirect object is the person spoken to.)

Other verbs used to report orders and requests in this way are: **command, order, warn, ask, advise, invite, beg, teach, forbid.**

Examples:

a. The doctor said to me, "Stop smoking!".
 The doctor **told me to stop smoking.**

b. "Get out of the car!" said the policeman.
⇒ The policeman **ordered him to get out of the car.**

c. "Could you please be quiet," she said.
⇒ She **asked me to be quiet.**

d. The man with the gun said to us, "Don't move!"
⇒ The man with the gun **warned us not to move.**

(See also section on Verbs followed by infinitive and Verbs followed by gerund)

2. **Requests for objects** are reported using the pattern *ask + for + object*:

Examples:

a. "Can I have an apple?", she asked.
⇒ She *asked for an apple.*

b. "Can I have the newspaper, please?"
⇒ He **asked for the newspaper.**

c. "May I have a glass of water?" he said.
⇒ He **asked for a glass of water.**

d. "Sugar, please."

⇒ She **asked for the sugar**.

e. "Could I have three kilos of onions?"

⇒ He **asked for three kilos of onions**.

3. **Suggestions** are usually reported with a *that-clause*. 'That' and 'should' are optional in these clauses:

She said: "Why don't you get a mechanic to look at the car?"

⇒ She suggested that I should get a mechanic to look at the car. **OR** She suggested I get a mechanic to look at the car.

Other reporting verbs used in this way are: *insist, recommend, demand, request, propose*.

Examples:

a. "It would be a good idea to see the dentist", said my mother.

⇒ My mother **suggested I see** the dentist.

b. The dentist said, "I think you should use a different toothbrush".

⇒ The dentist **recommended that I should use** a different toothbrush.

c. My manager said, "I think we should examine the budget carefully at this meeting."

⇒ My manager **proposed that we examine** the budget carefully at the meeting.

d. "Why don't you sleep overnight at my house?" she said.

⇒ She suggested **that I sleep** overnight at her house.

Notes:

Suggest can also be followed by a gerund: I *suggested* postponing the visit to the dentist.

Questions:

1. Normal word order is used in reported questions, that is, the subject comes before the verb, and it is not necessary to use '*do*' or '*did*':

"Where does Peter live?"

⇒ She asked him **where Peter lived**.

2. Yes / no questions: This type of question is reported by using **'ask'** + **'if / whether** + **clause**:
a. "Do you speak English?"

⇒ He asked me **if I spoke English.**

b. "Are you British or American?"

⇒ He asked me **whether I was British or American.**

c. "Is it raining?"

⇒ She asked **if it was raining.**

d. "Have you got a computer?"

⇒ He wanted to know **whether I had a computer.**

e. "Can you type?"

⇒ She asked **if I could type.**

f. "Did you come by train?"

⇒ He enquired **whether I had come by train.**

g. "Have you been to Bristol before?"

⇒ She asked **if I had been to Bristol before.**

3. Question words: This type of question is reported by using 'ask' (or another verb like 'ask') + question word + clause. The clause contains the question, in normal word order and with the necessary tense change.

Examples:
a. "What is your name?" he asked me.

⇒ He asked me **what my name was.**

b. "How old is your mother?", he asked.

⇒ He asked **how old her mother was.**

c. The mouse said to the elephant, "Where do you live?"

⇒ The mouse asked the elephant **where she lived.**

d. "What time does the train arrive?" she asked.

⇒ She asked **what time the train arrived.**

e. "When can we have dinner?" she asked.

⇒ She asked **when they could have dinner.**

f. The elephant said to the mouse, "Why are you so small?"

⇒ The elephant asked the mouse **why she was so small**.

Change of Time and Place Reference

Time/place references are also changed in reported speech

Examples:

"I will see you **here tomorrow**", she said.

⇒ She said that she would see me **there the next day**.

The most common of these changes are shown below:

Today	⇒	**that day**
*"I saw him **today**", she said.*		*She said that she had seen him **that day**.*
Yesterday	⇒	**the day before**
*"I saw him **yesterday**", she said.*		*She said that she had seen him **the day before**.*
The day before yesterday	⇒	two days before
*"I met her **the day before yesterday**", he said.*		*He said that he had met her **two days before**.*
Tomorrow	⇒	**the next/following day**
*"I'll see you **tomorrow**", he said*		*He said that he would see me the next day.*
The day after tomorrow	⇒	**in two days time/ two days later**
*"We'll come **the day after tomorrow**", they said.*		*They said that they would come **in two days time/ two days later**.*
Next week/month/year	⇒	**the following week/month/year**
*"I have an appointment **next week**", she said.*		*She said that she had an appointment **the following week**.*
Last week/month/year	⇒	**the previous/week/month/year**
*"I was on holiday **last week**", he told us.*		*He told us that he had been on holiday **the previous week**.*
ago	⇒	**before**
*"I saw her **a week ago**," he said.*		*He said he had seen her **a week before**.*
this (for time)	⇒	**that**
*"I'm getting a new car **this** week", she said.*		*She said she was getting a new car **that** week.*
this/that (adjectives)	⇒	**the**
*"Do you like **this** shirt?" he asked*		*He asked if I liked **the** shirt.*
here	⇒	**there**
*He said, "I live **here**".*		*He told me he lived **there**.*

Other changes:

In general, personal pronouns change to the third person singular or plural, except when the speaker reports his own words:

I/me/my/mine, you/your/yours	⇒	**him/his/her/hers**
we/us/our/ours, you/your/yours	⇒	**they/their/theirs:**

He said: "I like your new car."
⇒ He told her that he liked her new car.

I said: "I'm going to my friend's house."
⇒ I said that I was going to my friend's house.

Tense Changes

Normally, the tense in reported speech is one tense back in time from the tense in direct speech: *She said, "I **am** tired." ⇒ She said that she **was** tired.*

The changes are shown below:

Simple present *"I always **drink** coffee", she said*	⇒	**Simple past** *She said that she always **drank** coffee.*
Present continuous *"I **am reading** a book", he explained.*	⇒	**Past continuous** *He explained that he **was reading** a book*
Simple past *"Bill **arrived** on Saturday", he said.*	⇒	**Past perfect** *He said that Bill **had arrived** on Saturday*
Present perfect *"I **have been** to Spain", he told me.*	⇒	**Past perfect** *He told me that he **had been** to Spain*
Past perfect *"I **had just turned** out the light," he explained.*	⇒	**Past perfect** *He explained that he **had just turned out** the light.*
Present perfect continuous *They complained, "We **have been waiting** for hours".*	⇒	**Past perfect continuous** *They complained that they **had been waiting** for hours.*
Past continuous *"We **were living** in Paris", they told me.*	⇒	**Past perfect continuous** *They told me that they **had been living** in Paris.*
Future *"I **will be** in Geneva on Monday", he said*	⇒	**Present conditional** *He said that he **would be** in Geneva on Monday.*
Future continuous *She said, "**I'll be using** the car next Friday".*	⇒	**Conditional continuous** *She said that she **would be using** the car next Friday.*

Note:

1. You do not need to change the tense if the reporting verb is in the present, or if the original statement was about something that is still true, e.g.

   He says **he has missed** the train but **he'll catch** the next one.

   We explained that **it is** very difficult to find our house.

2. These modal verbs do not change in reported speech: *might, could, would, should, ought to, e.g.*

   We explained that it **could** be difficult to find our house.

   She said that she **might** bring a friend to the party.

MODAL VERBS

Examples	Usage
They must be in Spain by now. She must have done well on the test.	Use 'must' plus the verb when you are 100% (or almost 100%) sure that something is the case.
She might come this evening. David may invite Jesica to the match. Jack might have gone to France.	Use 'might' or 'may' to express an opinion that you think has a good possibility of being true.
Jane could be at work. Peter could have arrived late.	Use 'could' to express a possibilty which is one of many. This form is not as strong as 'might' or 'may'. It is just one of a number of possibilities.
You can't be serious! They can't have worked until late.	Use 'can't' to express an opinion that you are 100% sure is NOT true. *Notice that the past form remains 'can't have done'*

Structure		
In the present: Subject Modal Base Form Objects		
I	must be	
You	might be	
He, She		at work.
We	could be	
They	can't be	
In the past: Subject Modal Perfect Form Objects		
I	must have left	
You	might have left	
He, She		early.
We	could have left	
They	can't have left	

CONDITIONALS

Listed below are examples, uses and formation of Conditionals.

Examples	Usage
Conditional 0 If I am late, my father takes me to school. She doesn't worry if Jack stays out after school.	Situations that are always true if something happens. **NOTE** This use is similiar to, and can usually be replaced by, a time clause using 'when' (example: When I am late, my father takes me to school.)
Conditional 1 If it rains, we will stay at home. He will arrive late unless he hurries up. Peter will buy a new car, if he gets his raise.	Often called the "real" conditional because it is used for real - or possible - situations. These situations take place if a certain condition is met. **NOTE** In the conditional 1 we often use *unless* which means 'if ... not'. In other words, '...unless he hurries up.' could also be written, '...if he doesn't hurry up.'.
Conditional 2 If he studied more, he would pass the exam. I would lower taxes if I were the President. They would buy a new house if they had more money.	Often called the "unreal" conditional because it is used for unreal - impossible or improbable - situations. This conditional provides an imaginary result for a given situation. **NOTE** The verb 'to be', when used in the 2nd conditional, is always conjugated as 'were'.

Conditional 3	
If he had known that, he would have decided differently. Jane would have found a new job if she had stayed in Boston.	Often referred to as the "past" conditional because it concerns only past situations with hypothetical results. Used to express a hypothetical result to a past given situation.

Structure
Conditional 0 is formed by the use of the present simple in the *if* clause followed by a comma the present simple in the *result* clause. You can also put the *result* clause first without using a comma between the clauses.
If he comes to town,   we have dinner We have dinner   if he comes to town.
Conditional 1 is formed by the use of the present simple in the *if* clause followed by a comma will verb (base form) in the *result* clause. You can also put the *result* clause first without using a comma between the clauses.
If he finishes on time,   we will go to the movies We will go to the movies.   if he finishes on time.
Conditional 2 is formed by the use of the past simple in the *if* clause followed by a comma would verb (base form) in the *result* clause. You can also put the *result* clause first without using a comma between the clauses.
If they had more money,   they would buy a new house They would buy a new house.   if they had more money.
Conditional 3 is formed by the use of the past perfect in the *if* clause followed by a comma would have past participle in the *result* clause. You can also put the *result* clause first without using a comma between the clauses.
If Alice had won the competition,   life would have changed Life would have changed.   if Alice had won the competition.

PASSIVE VOICE

The passive voice is used when focusing on the person or thing affected by an action.

- The Passive is formed: **Passive Subject + To Be + Past Particple**
- It is often used in business and in other areas where the object of the action is more important than those who perform the action. **For Example:** We have produced over 20 different models in the past two years. **Changes to:** Over 20 different models have been produced in the past two years.
- If the agent (the performer of the action) is important, use "by" **For Example:** Tim Wilson wrote "The Flight to Brunnswick" in 1987. **Changes to:"** The Flight to Brunnswick" was written in 1987 by Tim Wilson.
- Only verbs that take an object can be used in the passive.

The following chart includes sentences changed from the active to the passive in the principal tenses.

Active	Passive	Time Reference
They make Fords in Cologne.	**Fords are made in Cologne.**	Present Simple
Susan is cooking dinner.	**Dinner is being cooked by Susan**	Present Continuous
James Joyce wrote "Dubliners".	**"Dubliners" was written by James Joyce.**	Past Simple
They were painting the house when I arrived.	**The house was being painted when I arrived.**	Past Continuous
They have produced over 20 models in the past two years.	**Over 20 models have been produced in the past two years.**	Present Perfect
They are going to build a new factory in Portland.	**A new factory is going to be built in Portland.**	Future Intention with Going to
I will finish it tomorrow.	**It will be finished tomorrow.**	Future Simple

111

Passive Tenses and Active Equivalents

Notice that the tense of the verb to be in the passive voice is the same as the tense of the main verb in the active voice. Example: *to keep*

TENSE / VERB FORM	ACTIVE VOICE	PASSIVE VOICE
Simple present	keeps	is kept
Present continuous	is keeping	is being kept
Simple past	kept	was kept
Past continuous	was keeping	was being kept
Present perfect	have kept	have been kept
Past perfect	had kept	had been kept
Future	will keep	will be kept
Conditional present	would keep	would be kept
Conditional past	would have kept	would have been kept
Present infinitive	to keep	to be kept
Perfect infinitive	to have kept	to have been kept
Present participle/gerund	keeping	being kept
Perfect participle	having kept	having been kept

Example sentences:
Active: *I keep* the butter in the fridge.
Passive: The butter *is kept* in the fridge.

Active: They *stole* the painting.
Passive: The painting *was stolen*.

Active: They *are repairing* the road.
Passive: The road *is being repaired*.

Active: Shakespeare *wrote* Hamlet.
Passive: Hamlet *was written* by Shakespeare.

Active: A dog *bit* him.
Passive: He *was bitten* by a dog.

The Passive Voice → GET / HAVE SOMETHING DONE

This construction is passive in meaning. It may describe situations where we want someone else to do something for us.

Examples:

a. *I must **get / have my hair cut**.*
b. *When are you going to **get that window mended**?*
c. *We're **having the house painted**.*

If the verb refers to something negative or unwanted, it has the same meaning as a passive sentence:

d. *Jim **had his car stolen** last night.* (= Jim's car was stolen)
e. *They **had their roof blown off** in the storm.* (= Their roof was blown off in the storm)

The construction can refer to the completion of an activity, especially if a time expression is used:

f. *We'll **get the work done** as soon as possible.*
g. *I'll **get those letters typed** before lunchtime.*

In all these sentences, we are more interested in the **result** of the activity than in the person or object that performs the activity.

'X' Needs Doing

In the same way, this construction has a passive meaning. The important thing in our minds is the person or thing that will experience the action, e.g.
a. *The ceiling **needs painting*** (= the ceiling needs to be painted)
b. *My hair **needs cutting*** (= my hair needs to be cut)

COMPARISON OF ADJECTIVES

Irregular Comparatives and Superlatives

These adjectives have completely irregular comparative and superlative forms:

Adjective	Comparative	Superlative
good	better	best
bad	worse	worst
little	less	least
much	more	most
far	further / farther	furthest / farthest

Forming the Comparative and Superlative

Number of syllables	Comparative	Superlative
one syllable	+ -er	+ -est
tall	taller	tallest

one syllable with the spelling *consonant + single vowel + consonant:* double the final consonant:

fat	fatter	fattest
big	bigger	biggest
sad	sadder	saddest

Number of syllables two syllables	Comparative + -er OR more + adj	Superlative + -est OR most + adj
ending in: -y, -ly, -ow		
ending in: -le, -er or -ure		
these common adjectives - handsome, polite, pleasant, common, quiet		
happy	happier	happiest
yellow	yellower	yellowest
simple	simpler	simplest
tender	tenderer	tenderest

If you are not sure, use MORE + OR MOST +

Note: Adjectives ending in '-y' like *happy, pretty, busy, sunny, lucky* etc:. replace the -y with -ier or -iest in the comparative and superlative form

busy	busier	busiest

Number of syllables three syllables or more	Comparative more + adj	Superlative most + adj
important	more important	most important
expensive	more expensive	most expensive

Examples:

a. A cat is *fast*, a tiger is *faster* but a cheetah is *the fastest*

b. A car is *heavy*, a truck is *heavier*, but a train is *the heaviest*

c. A park bench is *comfortable*, a restaurant chair is *more comfortable*, but a sofa is the *most comfortable*

RELATIVE PRONOUNS

Relative pronouns relate to another noun preceding it in the sentence. In doing so, they connect a dependent clause to an antecedent (i.e., a noun that precedes the pronoun.) Therefore, relative pronouns act as the subject or object of the dependent clause.

Consider the following sentence where the relative pronoun is a subject:

- The chef who won the competition studied in Paris.
  - In this sentence, WHO relates back to (or is relative to) the noun CHEF. WHO also acts as the subject of the dependent clause and the verb WON. The dependent clause: who won the competition. The independent clause: The chef studied in Paris.

In this sentence, the relative pronoun is an object in the dependent clause.

- The shirt that Carl bought has a stain on the pocket.
  - In this sentence, THAT relates back to (or is relative to) the noun SHIRT. THAT is also the object of the verb BOUGHT. The dependent clause is: that Carl bought. The independent clause: The shirt has a stain on the pocket.

Which relative pronoun to use is determined by what the antecedent is and whether the dependent clause is essential information in relation to the independent clause.

When referring to people use these relative pronouns:

(A person) — Who, Whom, Whoever, Whomever

These pronouns take a different case depending on whether the relative pronoun is a subject or an object in the dependent clause. Therefore, it becomes critical to not only know the subject and object forms of these pronouns but to be able to identify how they are being used in the dependent clause.

Determining the case of relative pronouns:

When these relative pronouns are the subject (initiating the action) of the dependent clause, use the subjective case.

Subjective/Nominative case   Who, Whoever

- Negotiations were not going smoothly between the two leaders, **who** made no bones about not liking each other.
  - WHO relates back to the noun LEADERS and is the subject of the dependent clause and the verb MADE.

- Hillary Clinton's staff said it was the first lady **who** wasn't feeling well.
  - WHO relates back to the noun FIRST LADY and is the subject of the dependent clause and the verb WAS FEELING.

- Most workers, **whoever** was not employed by the auto manufacturer, toiled at one of the millions of little companies.
  - WHOEVER relates back to the noun WORKERS and is the subject of the dependent clause and the verb WAS EMPLOYED.

When these relative pronouns are the object (receiving the action) of the dependent clause, use the objective case

Objective case Whom, Whomever

- Clinton knows that he is a polarizing figure **whom** people either love or hate.
  - WHOM relates back to the noun FIGURE and is the object of the verbs LOVE and HATE. The subject of the dependent clause is PEOPLE.
- This is the approach taken by journalists, **whom** some consider to be objective.
  - WHOM relates back to the noun JOURNALISTS and is the object of the verb CONSIDER. The subject of the dependent clause is SOME.
- The three representatives, **whomever** the committee chooses, should be at the meeting tomorrow.
  - WHOMEVER relates back to the noun REPRESENTATIVES and is the object of the verb CHOOSES. The subject of the dependent clause is COMMITTEE.

Remember: Who and whom can be interrogative or personal pronouns rather than relative pronouns.

A relative pronoun must refer to a noun preceding it.

- The man **whom** he most admires will be here tonight.
  - In this example **whom** is a relative pronoun to MAN.
- **Whom** does he most admire?
  - In this example **whom** is an interrogative pronoun.
- The candidate will choose **who** will act as campaign director.
  - In this example **who** is a personal pronoun.

When referring to a place, thing or idea use these relative pronouns:

(A place, thing or idea)—Which, That

When using relative pronouns for places, things or ideas, rather than determining case, the writer must decide whether the information in the dependent clause is essential to the meaning of the dependent clause or simply additional information.

Determining the correct relative pronoun:

When information is critical to the understanding of the main clause, use THAT as the appropriate relative pronoun and do not set the information off by commas. The clause containing the pronoun and not set off by commas is referred to as a restrictive clause.

(Restrictive)— That

- Russian generals have delivered a message **that** is difficult to ignore.
  - THAT relates back to the noun MESSAGE and is necessary for the reader to know what MESSAGE the sentence is about.
- Clinton will continue to hammer out a historic Mideast pact **that** bears his stamp.
  - THAT relates back to the noun PACT and is necessary for the reader to know what PACT the sentence is about.
- There is another factor **that** obviously boosts the reputation of both of these men.
  - THAT relates back to the noun FACTOR and is necessary for the reader to know what FACTOR the sentence is about.

When information is NOT critical to the understanding of the main clause, use WHICH as the appropriate relative pronoun and set the information off by commas. The clause set off by commas is referred to as a nonrestrictive dependent clause.

(Nonrestrictive)— Which

Nonrestrictive relative pronouns describe, add incidental detail or begin new/separate ideas. There is usually a comma separating the nonrestrictive clause from the main/independent clause

- The toughest intramural fight of all for Clinton was the North American Free Trade Agreement, **which** he undertook a full year before the 1994 election.
  - WHICH relates back to the noun AGREEMENT and the information following it is not necessary for the reader to know what AGREEMENT the sentence is about.
- Clinton refused to head toward the center on affirmative action and abortion, **which** are the two most sacred issues to the traditional liberal wing of the party.
  - WHICH relates back to the noun AFFIRMATIVE ACTION AND ABORTION and the information following it is not necessary for the reader to know what AFFIRMATIVE ACTION AND ABORTION the sentence is about.

When referring to more than one place, thing or idea use these relative pronouns:

(Compound)—Whatever, Whichever

- The three approaches, **whichever** works is fine, produce a more ambiguous picture of a man.
  - WHICHEVER relates to the noun APPROACHES and the information contained within the commas is additional, not critical information.
- Any excessive profits, **whatever** exceeded accepted limits, would attract the notice of representatives.
  - WHATEVER relates to the noun PROFITS and the information contained within the commas is additional, not critical information.

Vocabulário

PREFIXES

Prefix	Meaning	Example
Un -	not	unhappy
In -	not	inadequate
Im -	not	impossible
Il -	not	illicit
Ir -	not	irresponsible
Non -	Not connected with	Non-existent
Mis -	Bad, wrong	misprint
Mal -	Bad, wrong	malnutrition
Dis -	Opposite feeling, action	disconnect
Anti -	Against	antibiotic
De -	reduce	defrost
Under -	Too little	underprivileged
Re -	Do again	rewrite
Over -	Too much	overdose
Semi -	Half	semicircle
Equi -	Equal	equidistant
Mini -	Small	minibus
Micro -	Very small	microcosm

Macro -	Large, great	macrocosm
Mega -	Large, great	megabyte
Inter -	Between, among	international
Super -	Over	superpower
Trans -	Across	transmit
Ex -	Out	expatriate
Extra -	Beyond	extraordinary
Sub -	Under	subdivide
Infra -	Below	infrastructure
Peri -	Around	perimeter

SUFFIXES

Suffix	Meaning	Example
- ance	State	maintenance
- ence	Quality of	independence
- er	A person who	manager
- ist	A person who	scientist
- ian	Pertaining to	magician
- tion	The act of	translation
- ness	Condition of	sickness
- ion	Action, state	collision
- ing	Activity	swimming
- ment	State, action	government
- ity	State, quality	frivolity
- ism	Condition, state	determinism
- dom	Domain, condition	kingdom
- ship	Condition, state	friendship
- ish	Like	blueish
- ed	Having the quality of	organized
- ize, - ise	To make	organize
- ate	To make	translate

- ify	To make	testify
- en	To make	freshen
- ly	In the manner of	fortunately
- al	Having the quality of	industrial
- ar	Having the quality of	triangular
- ic	Having the quality of	atomic
- ical	Having the quality of	historical
- able	Capable of being	capable
- ible	Capable of being	responsible
-ous	Like, full of	gorgeous
- ful	Characterized by	harmful
- less	Without	colourless
-ive	Having the quality of	talkative

COMMON REGULAR VERBS

English Corner
http://www.angelfire.com/wi3/englishcorner/

accept	call	correct	ensure
accomplish	care	cover	enter
acknowledge	cause	create	establish
advance	challenge	criticize	estimate
affect	change	decide	evaluate
agree	charge	decline	exchange
allow	check	defend	exercise
announce	clean	deliver	exist
answer	close	demand	expect
appeal	collapse	describe	explain
appear	comment	design	express
apply	commit	determine	face
approach	compare	develop	fail
arrest	complain	die	fear
arrive	concern	discover	figure (out)
ask	conduct	discuss	file
associate	connect	disturb	fire
attack	consider	doubt	focus
avoid	contact	drop	follow
back	contain	elect	force
believe	continue	eliminate	frustrate
benefit	contribute	encourage	guarantee
calculate	control	end	happen

head	move	reach	start
help	name	recall	stop
hire	need	receive	strengthen
identify	obligate	recognize	study
improve	offer	recommend	suffer
include	open	record	suggest
increase	operate	reduce	supply
indicate	oppose	refer	support
influence	organize	refuse	suppose
inquire	own	register	surprise
insist	pass	release	surround
intend	perform	remain	suspect
introduce	pick	remember	talk
invest	place	report	target
invite	plan	request	tend
involve	play	require	test
join	post	respond	threaten
kill	prepare	retire	train
launch	prevent	return	trust
learn	produce	review	try
limit	promise	risk	turn
link	protect	schedule	use
live	prove	seem	visit
look	provide	sentence	wait
manage	publish	serve	walk
market	purchase	share	want
marry	push	show	watch
match	question	sign	work
miss	raise	sponsor	worry
monitor			

IRREGULAR VERBS

Infinitive	Past	Past Participle	Translation
To abide	abode	abode	Habitar; suportar
To arise	arose	arisen	Surgir; elevar-se
To awake	Awoke - awaked	Awoke(n)-awaked	Acordar; despertar
To be	Was -were	been	Ser; estar
To bear	bore	Born - borne	Suportar; dar a luz
To beat	beat	beaten	Bater; derrotar
To become	became	become	Tornar-se
To befall	befell	befallen	Acontecer; suceder
To beget	begot	begotten	Gerar; produzir
To begin	began	begun	Começar; principiar
To behold	beheld	beheld	Ver; observar
To bend	bent	bent	Curvar-se; inclinar
To beseech	besought	besought	Implorar; rogar
To bet	bet	bet	Apostar
To bid	bade	bidden	Ordenar; saudar
To bid	bid	bid	Fazer uma oferta
To bind	bound	bound	Ligar; contratar
To bite	bit	bitten	Morder; picar

Infinitive	Past	Past Participle	Translation
To bleed	bled	bled	Sangrar
To blow	blew	blown	Soprar; tocar
To break	broke	broken	Quebrar; interromper
To breed	bred	bred	Criar; educar
To bring	brought	brought	Trazer
To broadcast	broadcast	broadcast	Emitir; radiofonizar
To build	built	built	Construir
To burn	Burnt-burned	Burnt-burned	Queimar
To burst	burst	burst	Exploder; irromper
To buy	bought	bought	Comprar
can (present)	could	Been able	Poder
To cast	cast	cast	Arremessar; calcular
To catch	caught	caught	Agarrar
To chide	chid	chidden	Ralhar; censurar
To choose	chose	chosen	Escolher
To cleave	Clove-cleft	Cloven-cleft	Fender; rachar-se
To cling	clung	clung	Aderir; unir-se
To clothe	Clothed-clad	Clothed-clad	Vestir; revestir
To come	came	come	Vir; chegar; acontecer
To cost	cost	cost	Custar
To creep	crept	crept	Rastejar; arrastar-se
To crow	Crowed-crew	crowed	Gabar-se
To cut	cut	cut	Cortar
To dare	Dared-durst	Dared-durst	Ousar; desafiar
To deal	dealt	dealt	Negociar; distribuir
To dig	dug	dug	Cavar
To do	did	done	Fazer; executar
To draw	drew	drawn	Desenhar; arrastar
To dream	Dreamt-dreamed	Dreamt-dreamed	Sonhar
To drink	drank	drunk	Beber
To drive	drove	driven	Dirigir; impelir
To dwell	Dwelt-dwelled	Dwelt-dwelled	Morar; residir
To eat	ate	eaten	Comer

Infinitive	Past	Past Participle	Translation
To fall	fell	fallen	Cair
To feed	fed	fed	Alimentar(se)
To feel	felt	felt	Sentir
To fight	fought	fought	Lutar; combater
To find	found	found	Achar; encontrar
To flee	fled	fled	Fugir de; escapar
To fling	flung	flung	Lancer; arremessar
To fly	flew	flown	Voar
To forbear	forebore	forborne	Abster-se
To forbid	forbade	forbidden	Proibir
To forgive	forgave	forgiven	Perdoar
To forget	forgot	forgotten	Esquecer(se)
To forsake	forsook	forsaken	Abandoner; desamparar
To freeze	froze	frozen	Gelar; congelar
To get	got	Got-gotten	Ganhar; obter
To gild	Gilded-gilt	Gilded-gilt	Dourar
To gird	Girded-girt	Girded-girt	Cingir
To give	gave	given	Dar; conceder
To go	went	gone	Ir
To grind	ground	ground	Moer; pulverizar
To grow	grew	grown	Crescer; cultivar
To hang	hung	hung	Pendurar; suspender
To have	had	had	Ter; possuir
To hear	heard	heard	Ouvir
To hew	hewed	Hewed-hewn	Decepar; lavrar
To hide	hid	hidden	Esconder-ocultar(se)
To hit	hit	hit	Bater
To hold	held	held	Segurar; manter
To hurt	hurt	hurt	Ferir; magoar
To keep	kept	kept	Guardar; manter;ficar
To kneel	knelt	knelt	Ajoelhar-se
To knit	knit	knit	Unir; ligar
To know	knew	known	Saber; conhecer

Infinitive	Past	Past Participle	Translation
To lay	laid	laid	Por, botar (ovos)
To lead	led	led	Conduzir; comandar
To lean	Leant-leaned	Leant-leaned	Apoiar; inclinar (se)
To leap	Leapt-leaped	Leapt-leaped	Saltar; pular
To learn	Learnt-learned	Learnt-learned	Aprender
To leave	left	left	Deixar; abandonar
To lend	lent	lent	Emprestar
To let	let	let	Emprestar
To lie	lay	lain	Estar deitado; jazer
To light	Lit-lighted	Lit-lighted	Acender, iluminar
To lose	lost	lost	Perder
To make	made	made	Fazer; produzir; fabricar
may (present)	might	-	Poder
To mean	meant	meant	Significar; intencionar
To meet	met	met	Encontrar
To mow	mowed	Mowed-mown	Ceifar
Must (present)	Had to	-	Dever
ought (present)	-	-	Dever
To overcome	overcame	overcome	Vencer; superar
To pay	paid	paid	Pagar
To put	put	put	Por; colocar
To quit	quit	quit	Desistir; abandonar
To read	read	read	Ler
To rend	rent	rent	Rasgar; despedaçar
To rid	rid	rid	Livrar; desembaraçar
To ride	rode	ridden	Cavalgar; passear
To ring	rang	rung	Soar, repicar
To rise	rose	risen	Nascer; surgir; elevar
To run	ran	run	Correr; administrar
To saw	sawed	Sawed-sawn	Serrar
To say	said	said	Dizer
To see	saw	seen	Ver
To seek	sought	sought	Procurar; buscar
To sell	sold	sold	Vender

Infinitive	Past	Past Participle	Translation
To send	sent	sent	Enviar; remeter; expedir
To set	set	set	Por; fixar; arrumar
To sew	sewed	Sewed-sewn	Costurar; coser
To shake	shook	shaken	Sacudir; agitar
shall (present)	should	-	Verbo aux. do futuro
To shear	Shore-sheared	Shorn-sheared	Tosquiar; tosar; aparar
To shed	shed	shed	Derramar; verter
To shine	shone	shone	Brilhar; reluzir
To shoe	Shod-shoed	Shod-shoed	Ferrar animal; calçar
To shoot	shot	shot	Atirar; fuzilar
To show	showed	Showed-shown	Exibir; mostrar; expor
To shrink	shrank	shrunk	Encolher (se); retirar (se)
To shut	shut	shut	Fechar; cerrar; tapar
To sing	sang	sung	Cantar
To sink	sank	sunk	Afundar; naufragar
To sit	sat	sat	Sentar
To slay	slew	slain	Arruinar; destruir
To sleep	slept	slept	Dormir
To slide	slid	slid	Escorregar; deslizar
To sling	slung	slung	Elevar; suspender
To slink	slunk	slunk	Safar-se; fugir
To slit	slit	slit	Fender; rachar
To smell	Smelt-smelled	Smelt-smelled	Cheirar; suspeitar
To smite	smote	smitten	Ferir; castigar
To sow	sowed	Sowed-sown	Semear
To speak	spoke	spoken	Falar
To speed	Sped-speeded	Sped-speeded	Apressar-se; despachar
To spell	Spelt-spelled	Spelt-spelled	Soletrar
To spend	spent	spent	Passar; gastar; consumir
To spill	Spilt-spilled	Spilt-spilled	Entornar; derramar
To spin	spun	spun	Girar; rodar; tecer
To spit	spat	spat	Cuspir
To split	split	split	Dividir; fracionar-se
To spread	spread	spread	Difundir;divulgar

Infinitive	Past	Past Participle	Translation
To spring	sprang	sprung	Brotar; nascer; jorrar
To stand	stood	stood	Ficar de pé; aguentar
To steal	stole	stolen	Furtar; roubar
To stick	stuck	stuck	Fincar; aderir; afixar
To sting	stung	stung	Picar
To stink	Stank,stunk	stunk	Feder
To strew	strewed	Strewed,strewn	Polvilhar; salpicar
To stride	strode	stridden	Cavalgar; galopar
To strike	struck	struck	Fazer greve, golpear
To string	strung	strung	Afinar; esticar
To strive	strove	striven	Procurar, competir
To swear	swore	sworn	Jurar; blasfemar
To sweep	swept	swept	Varrer
To swell	swelled	Swelled,swollen	Inchar, inflamar
To swim	swam	swum	Nadar
To swing	swung	swung	Balançar
To take	took	taken	Tomar; pegar
To teach	taught	taught	Ensinar
To tear	tore	torn	Rasgar; romper
To tell	told	told	Dizer; contar
To think	thought	thought	Pensar; achar
To thrive	Throve,thrived	Thriven,thrived	Prosperar; enriquecer
To throw	threw	thrown	Arremessar; atirar
To trust	trust	trust	Confiar; crer
To tread	trod	Trodden,trod	Pisar
To understand	understood	understood	Entender, compreender
To undertake	undertook	undertaken	Empreender
To wake	Woke,waked	Woke,waked	Acordar, despertar
To wear	wore	worn	Usar, vestir
To weave	wove	woven	Tecer
To weep	wept	wept	Chorar, lamentar-se
To wet	Wet,wetted	Wet,wetted	Umedecer, molhar
will (present)	would	——	Verbo auxiliar futuro
To win	won	won	Ganhar, obter, vencer
To wind	wound	wound	Dar corda, torcer
To wring	wrung	wrung	Puxar, arrancar, extorquir

FALSE FRIENDS

Falsos conhecidos, também chamados de falsos amigos ou falsos cognatos, são palavras normalmente derivadas do latim, que têm, portanto a mesma origem e que aparecem em diferentes idiomas com ortografia semelhante, mas que ao longo dos tempos acabaram adquirindo significados diferentes.

No caso de palavras com sentido múltiplo, esta não-equivalência pode ocorrer em apenas alguns sentidos da palavra. Aqui neste trabalho são considerados falsos cognatos apenas aquelas palavras que predominantemente ocorrem como tal no inglês moderno.

INGLÊS - PORTUGUÊS	PORTUGUÊS - INGLÊS
Actually (adv) - na verdade ..., o fato é que ...	Atualmente - *nowadays, today*
Adept (n) - especialista, profundo conhecedor	Adepto - *supporter*
Agenda (n) - pauta do dia, pauta para discussões	Agenda - *appointment book; agenda*
Amass (v) - acumular, juntar	Amassar - *crush*
Anticipate (v) - prever; aguardar, ficar na expectativa	Antecipar - *to bring forward, to move forward*
Application (n) - inscrição, registro, uso	Aplicação (financeira) - *investment*
Appointment (n) - hora marcada, compromisso profissional	Apontamento - *note*
Appreciation (n) - gratidão, reconhecimento	Apreciação - *judgement*
Argument (n) - discussão, bate boca	Argumento - *reasoning, point*
Assist (v) - ajudar, dar suporte	Assistir - *to attend, to watch*

INGLÊS - PORTUGUÊS	PORTUGUÊS - INGLÊS
Assume (v) - presumir, aceitar como verdadeiro	Assumir - *to take over*
Attend (v) - assistir, participar de	Atender - *to help; to answer; to see, to examine*
Audience (n) - platéia, público	Audiência - *court appearance; interview*
Balcony (n) - sacada	Balcão - *counter*
Baton (n) - batuta (música), cacetete	Batom - *lipstick*
Beef (n) - carne de gado	Bife - *steak*
Cafeteria (n) - refeitório tipo universitário ou industrial	Cafeteria - *coffee shop, snack bar*
Camera (n) - máquina fotográfica	Câmara - *tube (de pneu) chamber (grupo de pessoas)*
Carton (n) - caixa de papelão, pacote de cigarros (200)	Cartão - *card*
Casualty (n) - baixa (morte fruto de acidente ou guerra), fatalidade	Casualidade - *chance, fortuity*
Cigar (n) - charuto	Cigarro - *cigarette*
Collar (n) - gola, colarinho, coleira	Colar - *necklace*
College (n) - faculdade, ensino de 3º grau	Colégio (2º grau) - *high school*
Commodity (n) - artigo, mercadoria	Comodidade - *comfort*
Competition (n) - concorrência	Competição - *contest*
Comprehensive (adj) - abrangente, amplo, extenso	Compreensivo - *understanding*
Compromise (v) - entrar em acordo, fazer concessão	Compromisso - *appointment; date*
Contest (n) - competição, concurso	Contexto - *context*
Convenient (adj) - prático	Conveniente - *appropriate*
Costume (n) - fantasia (roupa)	Costume - *custom, habit*
Data (n) - dados (números, informações)	Data - *date*
Deception (n) - logro, fraude, o ato de enganar	Decepção - *disappointment*
Defendant (n) - réu, acusado	Advogado de defesa - *defense attorney*
Design (v, n) - projetar, criar; projeto, estilo	Designar - *to appoint*
Editor (n) - redator	Editor - *publisher*
Educated (adj) - instruído, com alto grau de escolaridade	Educado - *with a good upbringing, well-mannered, polite*
Emission (n) - descarga (de gases, etc.)	Emissão - *issuing (of a document, etc.)*
Enroll (v) - inscrever-se, alistar-se, registrar-se	Enrolar - *to roll; to wind; to curl*

INGLÊS - PORTUGUÊS	PORTUGUÊS - INGLÊS
Eventually (adv) - finalmente, conseqüentemente	Eventualmente - *occasionally*
Exciting (adj) - empolgante	Excitante - *thrilling*
Exit (n, v) - saída, sair	Êxito - *success*
Expert (n) - especialista, perito	Esperto - *smart, clever*
Exquisite (adj.) - belo, refinado	Esquisito - *strange, odd*
Fabric (n) - tecido	Fábrica - *plant, factory*
Genial (adj) - afável, aprazível	Genial - *brilliant*
Graduate program (n) - Curso de pós-graduação	Curso de graduação - *undergraduate program*
Gratuity (n) - gratificação, gorjeta	Gratuidade - *the quality of being free of charge*
Grip (v) - agarrar firme	Gripe - *cold, flu, influenza*
Hazard (n,v) - risco, arriscar	Azar - *bad luck*
Idiom (n) - expressão idiomática, linguajar	Idioma - *language*
Income tax return (n) - declaração de imposto de renda	Devolução de imposto de renda - *income tax refund*
Ingenuity (n) - engenhosidade	Ingenuidade - *naiveté / naivety*
Injury (n) - ferimento	Injúria - *insult*
Inscription (n) - gravação em relevo (sobre pedra, metal, etc.)	Inscrição - *registration, application*
Intend (v) - pretender, ter intenção	Entender - *understand*
Intoxication (n) - embriaguez, efeito de drogas	Intoxicação - *poisoning*
Jar (n) - pote	Jarra - *pitcher*
Journal (n) - periódico, revista especializada	Jornal - *newspaper*
Lamp (n) - luminária	Lâmpada - *light bulb*
Large (adj) - grande, espaçoso	Largo - *wide*
Lecture (n) - palestra, aula	Leitura - *reading*
Legend (n) - lenda	Legenda - *subtitle*
Library (n) - biblioteca	Livraria - *book shop*
Location (n) - localização	Locação - *rental*
Lunch (n) - almoço	Lanche - *snack*
Magazine (n) - revista	Magazine - *department store*
Mayor (n) - prefeito	Maior - *bigger*
Medicine (n) - remédio, medicina	Medicina - *medicine*
Moisture (n) - umidade	Mistura - *mix, mixture, blend*

INGLÊS - PORTUGUÊS	PORTUGUÊS - INGLÊS
Motel (n) - hotel de beira de estrada	Motel - *love motel, hot-pillow joint*
Notice (v) - notar, aperceber-se; aviso, comunicação	Notícia - *news*
Novel (n) - romance	Novela - *soap opera*
Office (n) - escritório	Oficial - *official*
Parents (n) - pais	Parentes - *relatives*
Particular (adj) - específico, exato	Particular - *personal, private*
Pasta (n) - massa (alimento)	Pasta - *paste; folder; briefcase*
Policy (n) - política (diretrizes)	Polícia - *police*
Port (n) - porto	Porta - *door*
Prejudice (n) - preconceito	Prejuízo - *damage, loss*
Prescribe (v) - receitar	Prescrever - *expire*
Preservative (n) - conservante	Preservativo - *condom*
Pretend (v) - fingir	Pretender - *to intend, to plan*
Private (adj) - particular	Privado - *private*
Procure (v) - conseguir, adquirir	Procurar - *to look for*
Propaganda (n) - divulgação de idéias/fatos com intuito de manipular	Propaganda - *advertisement, commercial*
Pull (v) - puxar	Pular - *to jump*
Push (v) - empurrar	Puxar - *to pull*
Range (v) - variar, cobrir	Ranger - *to creak, to grind*
Realize (v) - notar, perceber, dar-se conta, conceber uma idéia	Realizar - *to carry out, make come true, to accomplish*
Recipient (n) - recebedor, agraciado	Recipiente - *container*
Record (v, n) - gravar, disco, gravação, registro	Recordar - *to remember, to recall*
Refrigerant (n) - substância refrigerante usada em aparelhos	Refrigerante - *soft drink, soda, pop, coke*
Requirement (n) - requisito	Requerimento - *request, petition*
Resume (v) - retomar, reiniciar	Resumir - *summarize*
Résumé (n) - curriculum vitae, currículo	Resumo - *summary*
Retired (adj) - aposentado	Retirado - *removed, secluded*
Senior (n) - idoso	Senhor - *gentleman, sir*
Service (n) - atendimento	Serviço - *job*
Stranger (n) - desconhecido	Estrangeiro - *foreigner*

INGLÊS - PORTUGUÊS	PORTUGUÊS - INGLÊS
Stupid (adj) - burro	Estúpido - *impolite, rude (Rio Grande do Sul)*
Support (v) - apoiar	Suportar (tolerar) - *can stand*
Tax (n) - imposto	Taxa - *rate; fee*
Trainer (n) - preparador físico	Treinador - *coach*
Turn (n, v) - vez, volta, curva; virar, girar	Turno - *shift; round*
Vegetables (n) - verduras, legumes	Vegetais - *plants*

Exercite no texto abaixo alguns falsos cognatos:

A DAY AT WORK

*In the morning I **attended** a meeting between management and **union** representatives. The discussion was very **comprehensive**, covering topics like working hours, days off, retirement age, etc. Both sides were interested in an agreement and ready to **compromise**. The secretary **recorded** everything in the notes. **Eventually**, they decided to set a new meeting to sign the final draft of the agreement.*

*Back at the **office**, a colleague of mine asked me if I had **realized** that the proposed agreement would be partially against the company **policy** not to accept workers that have already **retired**. I **pretended** to be really busy and late for an **appointment**, and left for the **cafeteria**. **Actually**, I didn't want to discuss the matter at that **particular** moment because there were some **strangers** in the **office**.*

*After **lunch** I attended a **lecture** given by the **mayor**, who is an **expert** in **tax** legislation and has a **graduate degree** in political science. He said his government intends to **assist** welfare programs and **senior** citizens, raise funds to improve **college** education and build a public **library**, and establish tougher limits on vehicle **emissions** because he **assumes** this is what the people expect from the government.*

COMPUTER ACRONYMS

Visit Sharpened.net for a list of e-mail and online chat acronyms.

Computer Term	Acronym
AGP	Accelerated Graphics Port
AIFF	Audio Interchange File Format
AIX	Advanced Interactive Executive
ANSI	American National Standards Institute
API	Application Program Interface
ASCII	American Standard Code for Information Interchange
ASP	Active Server Page or Application Service Provider
ATA	Advanced Technology Attachment
ATM	Asynchronous Transfer Mode
BIOS	Basic Input/Output System
BMP	Bitmap
CAD	Computer-Aided Design
CD	Compact Disc
CD-R	Compact Disc Recordable
CD-ROM	Compact Disc Read-Only Memory
CD-RW	Compact Disc Re-Writable
CDMA	Code Division Multiple Access
CGI	Common Gateway Interface

CISC	Complex Instruction Set Computing
CMOS	Complementary Metal Oxide Semiconductor
CMYK	Cyan Magenta Yellow Black
CPA	Cost Per Action
CPC	Cost Per Click
CPL	Cost Per Lead
CPM	Cost Per 1,000 Impressions
CPU	Central Processing Unit
CRM	Customer Relationship Management
CRT	Cathode Ray Tube
CSS	Cascading Style Sheet
CTP	Composite Theoretical Performance
CTR	Click-Through Rate
DBMS	Database Management System
DDR	Double Data Rate
DDR2	Double Data Rate 2
DHCP	Dynamic Host Configuration Protocol
DIMM	Dual In-Line Memory Module
DLL	Dynamic Link Library
DNS	Domain Name System
DRM	Digital Rights Management
DTD	Document Type Definition
DV	Digital Video
DVD	Digital Versatile Disc
DVD+R	Digital Versatile Disc Recordable
DVD+RW	Digital Versatile Disk Rewritable
DVD-R	Digital Versatile Disc Recordable
DVD-RAM	Digital Versatile Disc Random Access Memory
DVD-RW	Digital Versatile Disk Rewritable
DVI	Digital Video Interface
DVR	Digital Video Recorder
EUP	Enterprise Unified Process
FAQ	Frequently Asked Questions
FiOS	Fiber Optic Service

FPU	Floating Point Unit
FSB	Frontside Bus
FTP	File Transfer Protocol
GIF	Graphics Interchange Format
GIGO	Garbage In, Garbage Out
GIS	Geographic Information Systems
GPS	Global Positioning System
GPU	Graphics Processing Unit
GUI	Graphical User Interface
HDV	High-Definition Video
HFS	Hierarchical File System
HTML	Hyper-Text Markup Language
HTTP	HyperText Transfer Protocol
I/O	Input/Output
ICF	Internet Connection Firewall
ICS	Internet Connection Sharing
IDE	Integrated Device Electronics
IEEE	Institute of Electrical and Electronics Engineers
IM	Instant Message
IMAP	Internet Message Access Protocol
InterNIC	Internet Network Information Center
IP	Internet Protocol
IPX	Internetwork Packet Exchange
IRC	Internet Relay Chat
IRQ	Interrupt Request
ISA	Industry Standard Architecture
ISDN	Integrated Services Digital Network
ISO	International Organization for Standardization
ISP	Internet Service Provider
IT	Information Technology
IVR	Interactive Voice Response
JPEG	Joint Photographic Experts Group
JSP	Java Server Page
Kbps	Kilobits Per Second

LAN	Local Area Network
LCD	Liquid Crystal Display
LDAP	Lightweight Directory Access Protocol
MAC Address	Media Access Control Address
Mbps	Megabits Per Second
MCA	Micro Channel Architecture
MIDI	Musical Instrument Digital Interface
MIPS	Million Instructions Per Second
MP3	MPEG-1 Audio Layer-3
MPEG	Moving Picture Experts Group
NAT	Network Address Translation
NetBIOS	Network Basic Input/Output System
NIC	Network Interface Card
NNTP	Network News Transfer Protocol
NOC	Network Operations Center
NTFS	New Technology File System
OCR	Optical Character Recognition
ODBC	Open Database Connectivity
OEM	Original Equipment Manufacturer
OLAP	Online Analytical Processing
OLE	Object Linking and Embedding
OSPF	Open Shortest Path First
P2P	Peer To Peer
PCB	Printed Circuit Board
PCI	Peripheral Component Interconnect
PCMCIA	Personal Computer Memory Card International Association
PDA	Personal Digital Assistant
PDF	Portable Document Format
PHP	Hypertext Preprocessor
PIM	Personal Information Manager
PNG	Portable Network Graphic
PPC	Pay Per Click
PPGA	Plastic Pin Grid Array
PPP	Point to Point Protocol

PRAM	Parameter Random Access Memory
RAID	Redundant Array of Independent Disks
RDRAM	Rambus Dynamic Random Access Memory
RGB	Red Green Blue
RISC	Reduced Instruction Set Computing
ROM	Read-Only Memory
RSS	RDF Site Summary
RTF	Rich Text Format
RUP	Rational Unified Process
SATA	Serial Advanced Technology Attachment
SCSI	Small Computer System Interface
SD	Secure Digital
SDRAM	Synchronous Dynamic Random Access Memory
SEO	Search Engine Optimization
SIMM	Single In-Line Memory Module
SMART	Self-Monitoring Analysis And Reporting Technology
SMS	Short Message Service
SMTP	Simple Mail Transfer Protocol
SOAP	Simple Object Access Protocol
SQL	Structured Query Language
sRGB	Standard Red Green Blue
SSL	Secure Sockets Layer
TCP/IP	Transmission Control Protocol/Internet Protocol
TFT	Thin-Film Transistor
TIFF	Tagged Image File Format
TTL	Time To Live
TWAIN	Toolkit Without An Informative Name
UDP	User Datagram Protocol
UML	Unified Modeling Language
UNC	Universal Naming Convention
URL	Uniform Resource Locator
USB	Universal Serial Bus
VCI	Virtual Channel Identifier
VFAT	Virtual File Allocation Table

VGA	Video Graphics Array
VLB	VESA Local Bus
VoIP	Voice Over Internet Protocol
VPI	Virtual Path Identifier
VPN	Virtual Private Network
VRAM	Video Random Access Memory
VRML	Virtual Reality Modeling Language
WAIS	Wide Area Information Server
WAN	Wide Area Network
WEP	Wired Equivalent Privacy
Wi-Fi	Wireless Fidelity
WPA	Wi-Fi Protected Access
WWW	World Wide Web
XHTML	Extensible Hypertext Markup Language
XML	Extensible Markup Language
Y2K	Year 2000
ZIF	Zero Insertion Force

INTERNET TERMS

This glossary contains words and phrases that you may come across on the Internet.

A

account
an arrangement you have with a company or Internet provider to use a service they provide

address
1. a series of letters, numbers, and symbols that show you where to find a particular website on the Internet *synonym*: **URL**
2. address or email address: a series of letters, numbers, and symbols that you need to send someone an email message

address book
a piece of computer software that you use to record people's names, addresses, telephone numbers, email addresses etc

ADSL
asymmetric digital subscriber line: a method of connecting a computer to the Internet that allows very fast exchange of information, and allows you to be connected at all times without having to pay any extra money

always-on
an always-on Internet connection allows you to remain online (= connected to the Internet) all the time

anonymous FTP
anonymous file transfer protocol: a set of rules for moving computer files from one computer to another, especially over the Internet, without having to say who you are or use a password

archive
a copy of information that is put on the Internet so that other people can use it

147

attach	to send something with something else, for example a file with an email
attachment	a computer file that you send with an email
avatar	a picture on a computer screen that represents a particular computer user, especially one of several users who are having a conversation with each other on the Internet

B

B2B	business-to-business: relating to a type of business activity in which companies use the Internet to trade with each other
B2C	business-to-consumer: relating to a type of business activity in which companies use the Internet to sell products and services directly to customers
bandwidth	the amount of information that can be sent each second through an Internet connection. If a system has a high bandwidth, it is called a broadband connection.
blog	a biographical web log: a type of diary (= record of what someone does each day) on a website that is changed regularly, to give the latest news. The page usually contains someone's personal opinions, comments, and experiences, and provides links to other places on the Internet.
Bluetooth™	a type of radio technology that makes it possible for electronic communication to exist between mobile phones, the Internet, and computers
bookmark (noun)	an electronic way of marking an Internet website so that you can easily find it again
bookmark (verb)	to mark an Internet website in an electronic way so that you can easily find it again
Boolean	a Boolean search is one using the words 'and', 'or', and 'not' to find a word or combination of words using an Internet search engine. For example you could ask to search for 'car or automobile', or 'New York and not New York state'.
bot	a computer program that works automatically, especially one that can find information for you on the Internet
bounce	if an email message bounces, it is sent back to you without reaching the person you sent it to
bps	bits per second: a unit for measuring the rate at which information can be sent over an Internet line
bricks-and-mortar	a bricks-and-mortar business is a traditional business that does not operate on the Internet *compare* **clicks-and-mortar**

148

browse	1. to look for information on a computer, especially on the Internet 2. to look at a website on the Internet
browser	a computer program that allows you to look at and search through information on the Internet
bulletin board	a place on a computer system or on the Internet where you can leave messages and read messages from other people

C

cc	used on a business letter or email for saying that a copy is being sent to the person mentioned
chat	to exchange messages with someone using a computer so that you are able to see each other's messages immediately, especially on the Internet
chat group	a group of people who regularly exchange messages on the Internet, especially people who share an interest
chat room	an area on the Internet or a computer network where people can exchange messages *compare* **newsgroup**
click rate	the number of times a website is visited in a particular period of time
clicks-and-mortar	used for describing a business that operates in traditional ways and by using the Internet (From *bricks and mortar*, a way of referring to houses, flats or other buildings) *compare* **bricks-and-mortar**
com	commercial organization: used in Internet addresses
connect time	the amount of time that a computer is logged on (=connected) to another computer through a modem. Many **Internet Service Providers** charge their customers according to their connect time.
cookie	a file containing information about the user of a computer that is connected to a network or to the Internet
cyber-	relating to computers and the Internet: used with some adjectives and nouns
cybercafé	a café with computers so that customers can use the Internet
cyberspace	the imaginary place that emails and other pieces of information pass through when they are going from one computer to another

D

digerati	people who have a lot of technical knowledge of computers and the Internet (formed from *digital* and *literati* (=people who know a lot about books))

digital signature	a secret way of adding your name to an electronic message to prove that you are who you say you are. Digital signatures are used when you buy goods or make agreements on the Internet.
discussion group	a group of people who use the Internet to exchange ideas on a particular subject
domain name	an address on the Internet
dot	the way you say the symbol . in an Internet or email address:*The URL is www dot, google dot, com*
dot.com (adjective)	relating to the companies that do business using the Internet
dot.com (noun)	a company that uses the Internet to sell its products and services
dot commer	someone who works at a dot.com
download (verb)	to move information to your computer from a computer system or the Internet
download (noun)	1. the process of downloading information to your computer 2. a downloaded computer file

E

e-	on or using the Internet: used with some nouns for making new words *e-business... e-learning... e-finance*
e-book	a book published on the Internet
e-business	[uncount] business done on the Internet [count] a company that operates on the Internet *synonym:* **dot.com**
e-cash	money that exists in electronic form and is used to pay for things over the Internet
e-commerce	buying and selling goods on the Internet
edu	educational institution: used in Internet addresses
email (noun)	1. a system for sending messages from one computer to another 2. the messages that you receive by email 3. a written message sent by email
email (verb)	to send a message to someone by email
email address	a name and address that you use to receive email on the Internet
emoticon	a symbol that you type in an email or text message to show how you feel. For example the emoticon :-) means happy or friendly

150

e-signature	electronic signature: a way of adding your name to an electronic document such as an email, used when you are buying goods or making agreements on the Internet
e-tailer	a company that sells things on the Internet
e-tailing	the business of selling things on the Internet
e-zine	a magazine that you can read on the Internet

F

face time	time spent with other people rather than communicating with them by phone, email, or on the Internet
fanfic	stories for a television series written by people who watch the series regularly. The stories are published on the Internet.
FAQ	frequently asked questions: a list of questions with answers provided, intended to help people understand or use something, especially on the Internet
filter	a computer program that prevents some types of information from appearing on your computer when you search the Internet
flame (noun)	an angry email or an email that insults someone
flame (verb)	to send an angry or insulting message over the Internet
forward slash	the symbol /, often used in Internet addresses and computer instructions
frame	a box on an Internet page that contains information you can scroll through (=go up and down by using the mouse). Pages usually contain several frames.
freeware	computer software that is available free on CD-ROM or from the Internet. Software that you use free for a short time then pay for is called **shareware**.
FTP	file transfer protocol: a set of rules for moving computer files from one computer to another in a network, especially over the Internet

G

gopher	a system that allows people to connect to Internet sites that are not part of the **World Wide Web**

H

hit	1. a visit by someone to a particular site on the Internet 2. a piece of information that a computer program finds for you

home page	1. a place on the Internet where a person or an organization gives information about themselves or their business 2. a place on the Internet that you choose to appear first on your computer screen each time you look at the Internet
hook up	if you hook up to the Internet, you become connected to it through your computer
hot link	a connection from one computer document to another by means of **hypertext**, especially on the Internet
hot list	a list of website addresses stored in someone's computer or shown on an Internet website
HTML	hypertext markup language: the computer language used for writing pages on the Internet
http	hypertext transfer (or transport) protocol: the system used on the Internet to exchange documents in **HTML**
hyperlink	a word or image in a computer document that you can click on in order to move to a related document, word, or image *synonym:* **link**
hypertext	a computer system in which you can click on a word or image in order to move to a related document, word, or image

I

inbox	the place on a computer program where emails arrive for you
information superhighway, the	the Internet and other computer networks that allow people to share information
instant messaging	the activity of communicating with someone directly over the Internet and replying to their messages as soon as they arrive
internaut	someone who uses the Internet, especially someone experienced in using it
Internet, the	a computer system that allows people in different parts of the world to exchange information. You can use the Internet to get information from websites and to send and receive messages by email. The Internet is often simply called the Net.
internet café	a café where people can pay to use the Internet, send emails etc *synonym* **cybercafé**
Internet Service Provider	an **ISP**

152

intranet	a network (=system connecting computers) within an organization that only members of that organization can use *compare* **Internet**
IP address	Internet Protocol address: a code that represents a particular computer and is used to send messages to it on a network (= group of computers) or the Internet
ISDN	Integrated Services Digital Network: a system using telephone connections for sending information between computers. ISDN is a slower system than **ADSL.**
ISP	Internet service provider: a company that provides a connection to the Internet

J

Java™	a computer programming language that allows computer software to be used on any kind of computer and allows all computers to communicate with each other, for example through the Internet
JPEG	[uncount] a method of reducing the size of computer files that contain images so that they can be sent quickly by email or over the Internet [count] a file that is produced by this method

K

keypal	someone who regularly emails someone else

L

link	a connection between one file or section and another, for example on a website *synonym:* **hyperlink**
listening post	a website on the Internet where you can listen to music
listserv™	a piece of software that automatically sends a copy of every email received to all members of a group

M

mail (noun)	**email**
mail (verb)	to send a message, document etc to someone by email
mailbox	a part of a computer's memory where email is stored

mailer	a computer program for sending email
message	a piece of information that you send by email
message board	a system in which a group of Internet users regularly write email messages about a particular subject for other members of the group to read
messaging	the process of sending and receiving electronic messages by computer or mobile phone
mirror site	an exact copy of a busy website that is created to reduce the number of people visiting the main website
mouse potato	someone who spends long periods of time using the Internet or playing computer games
MP3	1. a method of reducing the size of a computer file that contains sound, especially music, so that it can be sent quickly by email or over the Internet 2. a file produced by this method
MP3 player	a piece of equipment used for playing MP3 files
multi-user	a multi-user computer game can be played by several different people at the same time using the Internet

N

Net, the	the Internet
netiquette	the polite way of expressing yourself or communicating with other people when you are using the Internet (formed from *Net* (=Internet) and *etiquette*)
netizen	someone who spends a lot of time using the Internet (formed from *Net* (=Internet) and *citizen*)
netspeak	the special language, abbreviations, and expressions used by people when communicating using the Internet (formed from *Net* (=Internet) and *speak*)
newbie	someone who has just started to use the Internet
new economy, the	the economy that has developed as a result of Internet business activity
newsgroup	a place on the Internet where people can leave messages about a subject or activity that interests them, for other people to read

O

offline	working on a computer but not connected to the Internet

old economy	the economy that is based on traditional methods of doing business rather than on Internet business activity
online	connected to or available through a computer or a computer network, especially the Internet
online banking	a system that allows you to communicate with your bank on the Internet
org	private organization: used in Internet addresses
outbox	the place on an email program where emails are stored before you send them

P

PDF	Portable Document Format: a type of computer file that can contain words, images etc and can be sent on the Internet and read on any computer
point of presence	a telephone number that a computer calls in order to be connected to the Internet
portal	an Internet site that has links (=connections) to other places
post	to put information on the Internet
posting	a message sent over the Internet to a newsgroup etc
push technology	a type of computer technology that automatically sends information to your computer over the Internet so that you do not have to request it

R

refresh	if you refresh an Internet document in which information is changing all the time, you click on a button that makes the most recent information appear
roaming	the ability to connect to the Internet or use your mobile phone when you are travelling, without having to make long-distance or international phone calls

S

screenager	a young person who spends a lot of time using computers and the Internet (formed from *screen* and *teenager*)
search (noun)	the process of using a computer to find information, especially on the Internet
search (verb)	to use a computer to look for information, especially on the Internet
search engine	a computer program used for searching for information on the Internet

server farm a building or group of buildings that holds a large collection of servers (= computers that store programs used by other computers) for connecting to the Internet

service provider a company that provides customers with a connection to the Internet *synonym*: **ISP**

shareware computer software that you can get on the Internet and use for a period of time before paying for it. Computer software that is available free is called **freeware**.

signature file a computer file that contains information about the person who sent an email

SKU Stock Keeping Unit: a number that is used for referring to a product that is sold on the Internet

smiley the symbol :-), used in emails for emphasizing that you are joking. A smiley is a type of **emoticon**.

snail mail letters that are sent by post. This expression is used mainly by people writing emails.

spam emails that are sent to large numbers of people on the Internet, especially when these are not wanted (From *Spam*, the trade name for a US type of cooked meat that is sold in tins. Because people had to eat so much of it during the Second World War, it became the object of many jokes.)

spamming the practice of sending emails to large numbers of people on the Internet, especially when these are not wanted

spammer someone who sends **spam**

start page the words and pictures that first appear on a computer screen when you use the Internet

streaming a technology for getting sound or pictures to your computer through the Internet as a continuous stream so that you can hear the sound or see the pictures before all the information has been received by your computer

subject line the place in an email where you can type what the email is about

surf to look at various places one after another on the Internet or on television

surfing the activity of looking at various places one after another on the Internet or on television to find something interesting

T

TCP/IP transmission control protocol/Internet protocol: a set of rules used by all computers on the Internet that allow them to communicate with each other

Telnet	a software program for getting information stored on another computer on the Internet by typing instructions into the other computer

U

unsubscribe	to take your name off an Internet mailing list
upload	to send documents or programs from your computer to a larger system using the Internet *compare* **download**
URL	Uniform Resource Locator: an Internet address
Usenet	a system for sending news and information to people over the Internet
user group	a group of people who are interested in computers and share information using the Internet

V

virtual	created by computers or appearing on computers or the Internet
visitor	someone who looks at a particular page on the Internet
v-mail	voicemail: a type of software that allows you to add your own voice or other sounds to your email messages

W

WAP	wireless application protocol: a type of technology that allows you to send emails and look at information on the Internet using a mobile phone or pager
Web, the	**the World Wide Web**
web browser	a software program that is used for finding and looking at pages on the Internet
webcam	a camera connected to a computer that produces images that can be seen on a website
webcast (noun)	a broadcast on the Internet
webcast (verb)	to broadcast on the Internet
Weblish	an informal language used by people on the Internet that is based on English, uses no capital letters, and includes a lot of abbreviations
webmaster	someone whose job is to manage a website
web page	a page or document that you can read on a website

web ring	a group of websites that are all connected to each other by links
website	a place on the Internet where information is available about a particular subject, organization etc
webzine	a magazine that is published on the Internet
World Wide Web, the	a very large collection of documents, pictures, sounds etc stored on computers in many different places and connected through the Internet *synonym*: **the web**

X

XML	a computer language used for creating websites, similar to **HTML** but more advanced

Z

zine *or* **'zine**	an informal magazine produced either on paper or on the Internet, written by people who are not professional writers

BASIC INTERNET TERMS

:o)

If you tilt your head to the left to look at this term, you will see that someone is smiling at you.

Acronyms

Special acronyms are used for chat rooms, and to a lesser extent, email. If you want the full experience of a chat room, you should study up on your web acronyms or at least keep this cheat sheet handy.

ActiveX

ActiveX is a model for writing programs. ActiveX technology is used to make interactive web pages that look and behave like computer programs, rather than static pages. With ActiveX, users can ask or answer questions, use push buttons, and interact in other ways with the web page.

Browser

Short for Web Browser; it's the tool (program) that allows you to surf the web. You probably used your Web Browser to locate this page. The most popular Web Browsers right now are *Netscape Navigator* and *Internet Explorer.*

Chat Room

A place on the Internet where people go to "chat" with other people in the room. Actually there are thousands of these Chat Rooms. The rooms are usually organized by topic. For example in a Michigan Room you would expect that most of the participants in the room are probably from Michigan or a Gay room, where the participants are usually gay. When you're in a Chat Room you can view all of the conversations taking place at once on your screen. Liberal use is made of acronyms in these rooms so you may want to study up or keep a cheat sheet with you at first. You can also get into a private chat room where only you and one or two others may talk. This can be an inexpensive way to keep up with friends and relatives who are online.

159

Chocolate	A crucial computer term. Chocolate is what you eat when you get frustrated with web functions such as searching for specific items, writing web pages, or just being a Newbie.
Cookie	A "cookie" is an Internet site's way of keeping track of you. It's a small program built into a web page you might visit. Typically you won't know when you are receiving cookies. Ideally a cookie could make your surfing easier by identifying you, tracking sites you visit, topics you search, and get a general feel for your preferences. This can make surfing easier, faster, more personal, and more efficient. It can also be used to collect your e-mail address for marketing (spamming) purposes. You can set your browser to warn you before you accept cookies or not accept them at all. Check your (advanced) browser settings. Keep in mind that some secure sites, such as stock trading sites, won't work if you don't accept their cookies.
Counter	A number on many web pages that will count the number of hits or count the number of times the page has been accessed. Basically, it counts the number of people that have visited that page.
Cracker	A person who breaks into a site through a computer's security. While Basically the same thing as a "Hacker", a Cracker is sometimes considered to be more malicious and destructive.
Cyberspace	Term used to describe the Internet; the term was coined by science-fiction novelist William Gibson in 1984 in *Neuromancer*.
Domain Name	The highest level name of the web site. For example, The domain name for this web site is jworkman. If you type usatoday in the location area on your browser, you will be connected directly to USA Today Online. A site does not have to have its own domain name. If you used geocities to host a web site, their domain name would be included in the Internet address and may look something like this: http://www.geocities.com/FashionAvenue/4869.
Download	The transfer of information from the Internet to your computer. Every time you instruct your computer system to retrieve your mail, you are downloading your mail to your computer. You may also download programs to your computer. However, be careful about downloading files or programs from a site in which you are not familiar. You could download a virus and never know it until it's too late.
E-mail	Electronic-mail. This tool is usually provided by your ISP. It allows you to send and receive mail (messages) over the Internet. Through e-mail you can write your friends, ask your ISP a technical question about your service, or even receive an Internet birthday card.

Emoticon	Also call a smilie, Emoticon comes from two words: emotion and icon. It's a small icon composed of punctuation characters that indicates how an e-mail message should be interpreted (that is, the writer's mood).
FAQ	An acronym for Frequently Asked Questions. FAQ is exactly what it sounds like: Frequently Asked Questions, with the answers of course. FAQ usually serves as a mini-help file.
FTP	An acronym for File Transfer Protocol. It's the tool you would use to transfer files through the Internet from one computer to another. For example, you would use an FTP to upload your web page from where you built it (like your computer at home) to a web site (like this one) so that all of your friends and neighbors can look at it.
Gopher	Invented at the University of Minnesota and named after its mascot, this is the direct precursor, in both concept and function, to the World Wide Web.
HTML	Hypertext Mark-up Language. HTML is not really a programming language, but a way to format text by placing marks around the text. For example HTML allows you to make a word bold or underline it. Early word processing programs used to work this way. HTML is the foundation for most web pages.
http	Hypertext Transfer Protocol. A protocol that tells computers how to communicate with each other. You will notice most web page locations begin with "http://"
Hacker	Also known as a "Cracker", a Hacker is a person who breaks into a site through a computer's security.
Hypertext	Text on a web page that links the user to another web page. The hypertext, or links will usually be a different color than the other text on the page and is usually underlined.
Hypermedia	Media (such as pictures, videos, and audio), on a web page that links the user to another web page by clicking on the media.
Host	The computer on which a web site is physically located.
IRC	An acronym for Internet Relay Chat. Worldwide real-time conferencing on the Internet, There are hundreds, maybe thousands of IRC channels, also called chat rooms. These chat rooms typically focus on specific topics, issue or commonality.
ISP	Internet Service Provider. This is your connection to the Internet. You use an ISP to connect onto the Internet every time you log on.
Internet	Originally called ARPANET after the Advanced Research Projects Agency of the U.S. Department of Defense. This electronic network

connects the hosts together so that you may go from one web page to another efficiently. The electronic connection began as a government experiment in 1969 with four computers connected together over phone lines. By 1972, universities also had access to what was by then called the Internet.

Java A programming language that developers use to create *applets*, small programs that are embedded in Web pages and that run when a user accesses the page or clicks on a certain area. If you have visited sites that play sounds, have animated figures trotting across the screen, or display scrolling text, you have already seen Java.

Keyword A word you might use to search for a Web site. For example, searching the Web for the keyword "Dictionary" or "Terms" might help you find this site.

LOL An acronym for Laugh Out Loud. Look for it in your e-mail, or chat rooms.

Laptop A computer small enough to sit on your lap. The laptop computer's small size allows you to take it almost anywhere and access the Internet. Great if you travel a lot and don't want to go too long without your e-mail.

Link A link will transport you from one Internet site to another with just a click of your mouse. Links can be text or graphic and are recognizable once you know what to look for. Text links usually will be underlined and often a different color than the rest of the text on your screen. A graphic link usually has a frame around it. For example at the bottom of this page the mailbox is a link as well as the text in the yellow boxes.

Load Short for download and upload. If someone asks how long did the page take to load? He/She is referring to the time it takes a page to appear on your screen. If a web page is loading slow it means that it's taking a long time to fully appear on your screen. You can often scroll through a page and look at the parts that have loaded while the rest of the page continues to load. Also, you can usually click a link on the page you are loading and link to another page without waiting for the current page to fully load.

Location An Internet address. While you are in your browser (which you are probably in now) you will see a section at the top of the page that is titled "location". If you look right now you will see that the location of this web page is http://www.geocities.com/FashionAvenue/4869/desc.html. If you type in the address of someone's web page and hit enter, your browser will take you to that page. However the address you type in the location bar must be an <u>exact</u> match.

Modem Short for Modulator-demodulator devices. Modems allow computers to transmit information to one another via an ordinary telephone line.

Net	Short for Internet.
Newbie	You!
Newsgroups	Also called usenets, they are groups that often have nothing to do with news. Newsgroups are ongoing discussion groups among people on the Internet who share a mutual interest.
Online	Having access to the Internet. You are online right now. Often people will say they are online meaning they have access to the Internet and have an e-mail address, but may not necessarily be connected to the Internet at that moment.
Patience	What you need while surfing the web. Some web pages seem to take forever to fully appear on your screen.
Persistence	What you often need to learn anything, including becoming proficient on the Internet.
Protocol	A set of rules that lets computers agree how to communicate over the Internet.
Scroll	To look at the parts of the page that fall below (or above) what you see on your screen. The long bar at the far right of this screen is a scroll bar. The small square in it will allow you to scroll through the rest of this page. Just place your mouse pointer over the square, hold down the left click button on the mouse and slide the square up or down. You will see this page move. You are now scrolling.
Site	A place on the Internet. Every web page has a location where it resides which is called it's site. And, every site has an address usually beginning with "http://."
Spam (or Spamming)	The Internet version of junk mail. Spamming is sending the same message to a large number of users, usually to advertise something. E-mail address may be collected using cookies or a mailing list from a newsgroup.
Surfing	The process of "looking around" the Internet. You're doing it now.
Trojan Horse	Like the Trojan horse of mythology, Trojan horse viruses pretend to be one thing when in fact they are something else. Typically, Trojan horses take the form of a game that deletes files while the user plays.
URL	An acronym for Uniform Resource Locator. It's the address of each web site. It usually begins with "http://"
Upload	The process of transferring information from your computer to another computer through the Internet. Every time you send e-mail to someone you are uploading it.

Usenet	A collection of so-called news groups that have nothing to do with news. Usenets are ongoing discussion groups among people on the Internet who share a mutual interest.
User ID	This is the unique identifier (like your logon name) that you use to identify yourself on a computer. You probably typed your User ID (and password) when you logged onto the Internet today.
Virus	Your computer can get a virus just like your body can be invaded with a virus making you (or your computer) sick. A virus can wipe out information on your computer and create major havoc. Viruses usually originate from malicious people. You can unintentionally download virus from a web site or get it from a disk that someone has lent you. There are virus-checking programs, but there are new viruses popping up every day. So the best defense against a virus is to be very careful not to download programs or data from a site you're not familiar with.
WAIS	An acronym for Wide Area Information System which basically means lots of large databases you can search through. It was designed by WAIS Corp. as a way of accessing very large databases.
WWW	An acronym for the World Wide Web.
Web	Short for the World Wide Web.
Web Browser	The tool (program) that allows you to surf the web. You probably used your Web Browser to locate this page. The most popular Web Browsers right now are *Netscape Navigator* and *Internet Explorer*.
Web Page	Every time you are on the Internet, you are looking at a Web Page. Yes that includes this page.
World Wide Web	A full-color, multimedia database of information on the Internet. Like the name implies the World Wide Web is a universal mass of web pages connected together through links. Theoretically, if you clicked on every link on every web page you would eventually visit every corner of the world without ever leaving your computer chair. Of course you would also have to live until you were about a million years old and computers were antiquated technology.

GLOSSÁRIO

Este glossário destina-se a ser um conjunto de definições para apoio à leitura de textos.

ADSL Asymetric Digital Subscriber Line. É uma tecnologia que possibilita a transmissão de dados, em altas velocidades, utilizando cabos telefônicos comuns. O sistema trabalha com velocidades assimétricas, ou seja, diferentes em cada sentido. No downstream a ADSL atinge de 1,5 a 9 Mbps. E no upstream, as taxas vão de 16 a 640 Kpbs. É necessário instalar Modems ADSL nas duas pontas.

ASP Active Server Pages: são páginas criadas dinamicamente pelo servidor Web, orientado por um programa em VBscript ou Javascript. Quando um browser solicita uma página do tipo ASP, o servidor constrói uma página HTML e a envia ao browser. A diferença entre uma página ASP e um documento HTML clássico, é que o segundo corresponde a um documento estático, que já se encontra no servidor no formato que em que será exibido no navegador. A página ASP, ao contrário, não existe no servidor: é montada a partir de uma solicitação específica. Pode ser, por exemplo, um documento HTML criado como resultado de uma pesquisa num banco de dados.

Banco de dados Genericamente, correspondem a qualquer coleção de informações organizadas de tal forma que seja possível localizar itens escolhidos. Os bancos de dados são estruturados em campos, registros e arquivos.

Bps bits por segundo, medida da velocidade de transferência de dados em uma linha de comunicação (cabos, Modems, etc.). Para Kbps, Mbps, etc, por analogia, consulte byte.

Browser	A palavra "browse" significa examinar casualmente e um browser é um programa que permite a navegação na Internet e a visualização das páginas Web. O browser mais difundido é o Internet Explorer.
Byte	Binary Term. É composto por oito bits, é a unidade utilizada para codificar um caractere. Um byte permite codificar 256 elementos diferentes.
DHTML	HTML dinâmico. Refere se a páginas Web cujo conteúdo se modifica sem intervenção direta do webmaster. Uma mesma página pode ser vista de forma diferente, dependendo de variáveis como a localização geográfica do internauta, a hora da visita, as páginas anteriores já vistas e as preferências do usuário. Várias tecnologias são usadas para produzir HTML dinâmico: scripts CGI, Server Side Includes (SSI), cookies, Java, Javascript e ActiveX.
Disco rígido removível	Drive contido em cartucho especial que lhe permite ser encaixado e retirado de seu local de funcionamento, como os discos flexíveis. Combina portabilidade com alta capacidade de armazenamento.
Distância focal	É a distância entre o foco principal e o centro da lente.
Emoticons	São pequenas imagens para expressar um estado emocional. Este recurso é utilizado para enviar mensagens escritas para ajudar o leitor a entender qual é o seu estado emocional quando enviou uma determinada mensagem.
Firewall	Barreira de segurança baseada em hardware e software que protege a rede corporativa contra acessos externos não autorizados, como por exemplo, os hackers da Internet. É o ponto de conexão da rede com o mundo externo – tudo o que chega passa pelo firewall, que decide o que pode ou não entrar, dependendo do nível de segurança criado pela empresa.
GIF	Graphics Interchange Format, foi desenvolvido pela Compuserve e pode comprimir figuras a até 1 centésimo do tamanho original. A taxa de compressão varia muito, dependendo da imagem; quanto mais redundante a figura, maior a compressão. Para imagens complexas, sem padrões repetitivos, o melhor que se consegue é reduzir o tamanho a cerca de 80% do original. A principal limitação deste formato é que suporta apenas 256 cores, e entre as vantagens estão os recursos de transparência de fundos e animações.
Hiperlink	Veja link.
Hipertexto	Banco de dados em formato especial, sobre o qual é possível visualizar e pesquisar as informações baseando se em texto, imagens, arquivos de multimídia e programas ligados entre si por hiperlinks. Exemplos: páginas da Web e a Ajuda do Windows.

HTML	Hypertext Markup Language: formato para apresentação de informações em sistema de hipermídia, que inclui recursos de hipertexto (texto que usa hiperlinks), animação, som, formulários para captação de dados, etc, usado na Web, e interpretado por um browser.
HTTP	Sigla de Hypertext Transfer Protocol. Usado para acessar informações na World Wide Web.
Ícone	Pequenas imagens que sugerem a atividade a ser realizada.
Imagens digitais	Imagens armazenadas em formato digital. A viabilização da sua utilização é decorrente da melhoria dos sistemas computacionais atuais.
Internet	A Internet teve suas origens com a ARPANET (Advanced Research Project Agency – Departamento de Defesa Americana, 1969), na época da Guerra Fria, quando era constituída pela interligação de 4 computadores. Nesta ocasião já foram implementados alguns dos recursos atualmente utilizados de forma ampla, como o e mail.
IP	Internet Protocol: é o protocolo responsável pelo serviço da camada de inter rede na arquitetura Internet TCP/IP.
ISDN	Sigla de Integrated Services Digital Network. Trata se de um padrão de comunicação para o envio de voz, dados e vídeo em linhas telefônicas digitais que utiliza a mesma estrutura de cabos da telefonia convencional. O ISDN exige cabeamento metálico e modems especiais. Trabalha com dois canais de 64 Kpbs, o que permite transmitir a 128 Kpbs.
JPG	O padrão JPEG foi criado pelo Joint Photographic Experts Group. As imagens em JPG aceitam que o grau de compactação seja definido pelo usuário. Quanto menor o arquivo obtido, menor também será a qualidade da imagem, embora o número de cores seja maior (16,7 milhões). O padrão JPEG é mais adequado para imagens mais complexas, como fotos que apresentam muitas cores e detalhes.
Jscript	script Java. Veja Linguagem de programação.
Kbps	Quilobps. Veja bps.
Kbyte	Quilobyte: 1024 bytes. Veja byte.
Link	Seqüência de código que permite vincular um documento ao outro.
Mbps	Megabps. Milhões de bps. Veja bps.
Megabyte	Megabyte: 1024 quilobytes. Veja byte.
Memória RAM	Random access memory, memória volátil, de acesso não seqüencial, interna ao computador, onde os programas são executados, da ordem de centenas de milhões de caracteres.

Memória ROM Read only memory, memória apenas para leitura, que é instalada no hardware de computadores para conter rotinas básicas ligadas ao seu funcionamento.

Modem Modulator/demodulator: equipamento eletrônico que converte dados seriais de um computador em um sinal de áudio, tipicamente utilizado para transferir dados através de linhas telefônicas.

MPEG Acrônimo de Moving Pictures Experts Group, começou a ganhar vida no final de 1988 pelas mãos de Leonardo Chairigloione e Hiroshi Yasuda com o objetivo imediato de padronizar a compressão de vídeo e áudio para CD. É um formato de compressão de arquivos de vídeos que possibilita apresentar vídeos com resolução de pelo menos 30 quadros por segundo. O padrão MPEG 2 é usado nos DVD ROMs, e pode operar com imagens de até 1.280 por 720 pixels, a 60 quadros por segundo e som com qualidade de CD. MPEG 3MPEG camada 3, sistema de gravação de áudio definido para a HDTV. A capacidade de compactação sem praticamente perda de qualidade é na razão de 12 para 1. Os arquivos de áudio com esse padrão têm extensão MP3.

MPEG4 O padrão MPEG-4 está em desenvolvimento e se direcionando para as necessidades em torno do aumento da disponibilidade de conteúdo áudio-visual em forma digital. Diferente da codificação linear de áudio e vídeo do MPEG-1/2, a codificação MPEG-4 é baseada em objetos, isto é, as cenas áudio-visuais são codificadas em termos de objetos. Um Objeto pode ser uma imagem ou um vídeo: um carro em movimento, uma fotografia de um cão. Também pode ser um objeto de áudio: um instrumento de uma orquestra, um latido de um cão. A associação de um áudio e um vídeo é chamado de objeto áudio-visual. Um novo conjunto de aplicações usarão MPEG-4, tais como videoconferência, comunicações móveis, acesso à vídeo de servidores remotos para aplicações multimídias, jogos, etc. Atualmente, o grupo MPEG-4 está voltado para os trabalhos na televisão digital, aplicações gráficas interativas e World Wide Web. O padrão MPEG-4 consiste de três camadas: Sistema, Áudio e Vídeo.

Multimídia Recurso computacional que permite utilizar texto, imagem, som e animação para maior interação com o usuário.

Pixel (picture element) Elemento de imagem. A menor unidade que pode ser endereçada na tela. Quanto maior for a resolução (quanto mais linhas e colunas de pixels), tanto mais informação pode ser exibida.

Quilobytes Veja Kbyte.

RDSI	Sigla de rede digital de serviços integrados (RDSI). Trata se de um padrão de comunicação para o envio de voz, dados e vídeo em linhas telefônicas digitais que utiliza a mesma estrutura de cabos da telefonia convencional. É a tradução do ISDN.
Resolução	Número de pixels usados para capturar ou exibir uma imagem. A resolução VGA padrão é 640 pixels na horizontal e 480 na vertical. O Super VGA (SVGA) trabalha com valores de 800x600 e 1024x768. Há quem chame de SSVGA as resoluções acima de SVGA, como 1600x1200. Quanto maiores os números, maiores os detalhes da imagem.
Servidor Web	Central que fornece informações quando se faz uma pesquisa na Internet utilizando um browser.
SGML	Standard Generalized Markup Language. Linguagem genérica para formatação de documentos. O XML corresponde a uma versão reduzida do SGML aplicado somente à Web.
SQL	Structured Query Language, ou linguagem estruturada de consultas. Criada pela IBM, é uma ferramenta para extrair informações de bancos de dados.
Sistema operacional	Software que controla o funcionamento de um equipamento computacional.
SSL	Sigla de Secure Sockets Layer. Protocolo para transmissão de documentos com segurança via Internet.
Web	É uma forma de transmissão de informações com recursos de multimídia, através da estrutura física da Internet. Começou em março de 1989, com Tim Berners Lee do European Laboratory for Particle Physics (mais conhecido como CERN) quando ele propôs um novo conjunto de protocolos para um sistema de distribuição de informações da Internet [66]. Neste momento surgiu o protocolo da WWW que foi rapidamente adotado por outras organizações, e foi constituído um consórcio de organizações, chamado de 3W Consortium (liderado pelo MIT, CERN e pelo INRA), que uniu seus recursos para prosseguir com o desenvolvimento de padrões WWW. O NCSA (National Center for Supercomputing Applications) assumiu o projeto para o desenvolvimento de um aplicativo gráfico de fácil utilização que iria estimular o desenvolvimento comercial e o suporte à WWW, lançando em 1993 o primeiro browser (Mosaic) nas plataformas Unix, Macintoch e Microsoft Windows. Sinonímia: WWW, W3, World Wide Web.
World Wide Web	Veja Web.
WWW	Veja Web.

XML

Sigla de eXtended Markup Language. Linguagem de descrição de páginas extensível e personalizável, que pretende colocar um fim nos problemas de dialetos incompatíveis de HTML; uma espécie de HTML estendido que está sendo desenvolvida pela W3C. Essa linguagem permite que o designer de páginas Web crie tags próprias não existentes no HTML. Com o XML pode se criar links apontando para mais de um documento, diferentemente do que ocorre com os links do HTML, que sempre se referem a um endereço único.

Zoom digital

Este tipo de zoom apenas muda a forma de apresentar a imagem. A porção central da figura é exibida, em resolução menor, na área total que ela ocupa, dando a impressão de que foi ampliada.

Zoom óptico

Mudança da distância focal para permitir que o objeto se torne mais próximo sem que o fotógrafo saia do lugar ou o foco seja perdido. Esse efeito é obtido mediante uma combinação de lentes, que amplia a imagem antes de ela ser detectada pelo sensor. Por essa característica, o zoom óptico é mais eficiente que o digital.